I0539390

BESTACTIVITYBOOKS.COM

ERSTE AUSGABE - Veröffentlicht 2022

Extra Grafikmaterial von: www.freepik.com
Dank an: Alekksall, Starline, Pch.vector, Rawpixel.com,
Vectorpocket, Dgim-studio, Upklyak, Macrovector,
Stockgiu, Pikisuperstar & Freepik.com Designers

Kostenlose Online-Spiele Entdecken

Hier Erhältlich:

BestActivityBooks.com/FREEGAMES

5 TIPPS FÜR DEN ANFANG!

1) LÖSUNG DER RÄTSEL

Die Puzzles haben ein klassisches Format :

- Die Wörter sind ohne Abstand, Bindetrich usw... versteckt
- Richtung : vor-& rückwärts, auf & ab oder in der Diagonale (beider Richtungen)
- Die Wörter können übereinanderliegen oder sich kreuzen

2) AKTIVES LERNEN

Neben jedem Wort ist ein Abstand vorgesehen zum Aufschreiben der Übersetzung. Um ihre Kenntnisse zu überprüfen und zu erweitern befindet sich am Ende des Buches ein **WÖRTERBUCH**. Suchen sie die Übersetzungen, schreiben sie sie auf, dann können sie sie in den. Puzzles suchen und ihrem Wortschatz hinzufügen.

3) ANZEICHNUNG DER WÖRTER

Haben sie schon einmal versucht eine Anzeichnung zu verwenden? Sie könnten zum Beispiel die Wörter, die schwer zu finden sind, ankreuzen, die Wörter, die sie lieben, mit einem Stern, neue Wörter mit einem Dreieck, seltene Wörter mit einem Diamant usw ... anzeichnen

4) IHR LERNEN ORGANISIEREN

Am Ende dieser Ausgabe bieten wir auch ein praktisches **NOTIZBUCH** an. Ob im Urlaub, auf Reisen oder zu Hause, sie können ihr neues Wissen ganz einfach organisieren, ohne ein zweites Notizbuch zu benötigen!

5) SIND SIE AM SCHLUSS ?

Gehen sie zum Bonusbereich : **MONSTER-HERAUSFÖRDERUNG,** um ein kostenloses Spiel zu finden, das am Ende dieser Ausgabe angeboten wird !

Lust auf mehr Spaß und **Lernaktivitäten**? **Schnell und einfach :** eine ganze Spielbuchsammlung mit einem einzigen Klick erhaltbar :

Mit diesem Link finden sie ihre nächste Herausforderung :

BestActivityBooks.com/MeineNachsteWortsuche

Achtung, fertig, ... Los !!

Wussten sie, dass es auf der Welt ungefähr 7.000 verschiedene Sprachen gibt ? Wörter sind kostbar.

Wie lieben Sprachen und haben schwer daran gearbeitet, die Bücher von höchster Qualität für sie zu entwerfen. Unsere Zutaten ?

Eine Auswahl von angepassten Lernthemen, drei große Scheiben Spaß, dann fügen wir einen Löffel schwieriger Wörter und eine Prise seltener Wörter hinzu. Wir servieren sie mit Sorgfalt und ein Maximum an Freude, damit sie die besten Wortspiele lösen und Spaß am Lernen haben.

Ihre Meinung ist wichtig. Sie können aktiv zum Erfolg dieses Buches beitragen, indem sie uns eine Bemerkung hinterlassen. Sagen sie uns, was ihnen an dieser Ausgabe am besten gefallen hat !!

Hier ist ein kurzer Link, der sie zu ihrer Bewertungsseite führt

BestBooksActivity.com/Rezension50

Vielen Dank für ihre Hilfe und viel Spaß

Linguas Classics

1 - Ozean

פ	ד	א	צ	ח	ש	ד	ן	ו	נ	מ	ת	ל	ן
כ	ל	ל	ל	ה	ר	י	ס	א	ט	ג	ו	פ	ס
פ	ל	מ	ו	ם	י	נ	ע	ה	נ	ו	ט	נ	ר
פ	ג	ו	פ	פ	מ	ד	ר	ש	י	ר	כ	ד	ט
ר	ל	ג	ח	ס	פ	ג	ה	ת	ן	ן	ו	ב	ן
ר	י	ש	ס	ם	ס	ר	ן	ה	ע	ל	ע	מ	א
מ	ם	ש	ש	ח	ט	ג	ש	צ	פ	ש	ד	ל	ם
ר	פ	ד	ע	ל	ר	א	ח	י	ן	ב	ס	ע	ל
ש	ב	ב	מ	ט	ה	ו	ן	ש	כ	ד	ג	ג	ן
ת	ג	ת	ח	ל	מ	ת	ל	ל	א	ת	ה	ד	ד
ט	ן	ח	צ	ד	ט	ו	ר	ם	ח	ל	מ	ת	ג
מ	ף	ת	י	נ	ו	ש	צ	ת	פ	נ	פ	ד	ג
צ	א	ב	ם	מ	ה	פ	ד	צ	מ	ת	ר	נ	ת
ב	ה	ז	ו	ד	מ	ל	ב	ר	ג	ת	ף	ש	ע

תמנון
מדוזה
שונית
מלח
צב
ספוג
סערה
טונה
לוויתן
גלים

צלופח
צדפה
סירה
דולפין
דג
שרימפס
גאות ושפל
כריש
אלמוג
סרטן

2 - Schule #1

א	ל	פ	ב	י	ת	ס	ת	י	ק	י	ו	ת	ת
ל	ר	ג	מ	ם	א	ע	פ	א	א	ט	ס	ה	ס
ל	ר	ו	ב	ן	צ	ט	ף	ר	כ	י	ס	א	ד
ד	ב	צ	ח	ב	ר	י	ם	ע	י	פ	ר	ו	ן
ס	ה	א	כ	ת	ס	ם	ד	מ	ת	ם	ת	ג	מ
ס	פ	ר	י	ה	צ	ם	ף	ת	ה	ל	ש	ב	ש
ב	כ	ן	ף	ג	צ	ה	ט	מ	ל	ל	ו	ש	ן
נ	ף	ד	ף	כ	ה	נ	ר	ט	ב	מ	ב	מ	א
נ	י	ה	ט	ה	ד	ר	מ	י	ח	ו	ו	ב	ן
ט	ס	י	ת	נ	ע	ס	א	ק	י	ד	ת	ג	ת
ס	מ	א	ר	מ	ו	ר	ה	ה	נ	ם	פ	ת	א
ף	מ	צ	ג	ה	ף	ח	י	ד	ו	ן	כ	נ	ע
ן	ה	ד	ל	ת	ה	ל	כ	ר	ת	ע	פ	מ	ה
מ	ס	פ	ר	י	ם	א	ל	כ	ת	ו	ב	ב	ם

אלפבית
תשובות
ספריה
עיפרון
ספרים
חברים
כיתה
מורה
ללמוד
מתמטיקה

ארוחת צהריים
תיקיות
נייר
בחינות
חידון
לכתוב
כיף
עטים
כיסא
מספרים

3 - Meditation

ב	נ	ג	ב	א	ק	ת	נ	ח	ג	ש	נ	ש	ד
ה	ג	ט	ת	ו	ב	ש	ח	מ	ה	ב	פ	נ	ש
י	ח	ב	ט	ש	ל	ד	ו	ם	ד	כ	ר	ר	ט
ר	ת	ע	פ	ר	ה	ח	א	ם	ן	ד	ס	ח	ש
ו	ת	ה	ד	ו	ת	ת	ר	כ	ה	ל	פ	מ	ת
ת	ו	א	ה	ע	ו	נ	ת	ם	ע	ף	ק	ל	י
ה	ב	י	צ	י	ר	ר	ח	ה	ר	ע	ט	ה	ק
ע	נ	ר	ד	ו	מ	ל	ל	ג	ל	ב	י	ב	ה
פ	ה	ה	ס	צ	צ	נ	ש	ף	ל	ה	ב	ש	ט
מ	ת	ד	ר	צ	ף	נ	ת	ש	ס	ח	ה	צ	נ
ל	צ	ם	ת	ר	א	ש	ש	ה	א	ב	ן	פ	ד
ן	צ	ר	ח	ש	ס	ל	ת	צ	ד	פ	ש	ר	ג
נ	ה	ק	י	ז	ו	מ	ן	כ	ר	צ	ן	ר	ב
ה	נ	ה	ט	ם	ח	מ	ד	ת	א	ע	ו	ג	ר

בהירות
ללמוד
חמלה
מוזיקה
טבע
פרספקטיבה
רגוע
שתיקה
מוח
ער

קבלה
תנועה
הכרת תודה
תובנה
חסד
שלום
מחשבות
נפש
אושר
יציבה

4 - Meisterschaft

ת	ה	ד	ל	ת	מ	ה	ל	ר	צ	ש	ף	ע	כ
ל	ס	פ	ו	ר	ט	א	ב	פ	ו	ו	ה	ן	מ
ז	י	ע	ה	ף	ן	ס	מ	נ	ו	פ	צ	ל	ן
ב	ב	ג	ם	א	ח	ט	ע	ן	ת	ט	ג	ד	ט
נ	ו	ש	ה	ף	ר	ר	ב	י	צ	ו	ע	י	ם
פ	ל	צ	ב	ד	ע	ט	ח	ש	כ	ן	ר	א	ש
ה	ת	ם	ד	ף	ל	ג	מ	ר	ש	כ	ל	ל	ג
ט	ו	ר	נ	י	ר	י	א	ש	כ	א	ס	י	ס
ח	ד	ר	ט	צ	ת	ה	נ	ט	ח	ס	ב	פ	ם
ר	ב	ג	א	ח	ש	נ	י	ש	ף	ק	ת	ו	ל
פ	ב	ד	ר	ב	ג	ת	צ	נ	ד	צ	י	ת	ש
מ	ד	ל	י	ה	ב	ע	ח	א	ל	ו	ף	ם	ס
ב	ג	ט	ם	ד	ד	מ	ו	ט	י	ב	צ	י	ה
ם	א	פ	ת	ע	נ	ע	ן	כ	ם	ת	ב	א	ם

סיבולת
אלוף
לגמר
ליגה
צוות
מדליה
אליפות
מוטיבציה
ביצועים

שופט
זיעה
ניצחון
משחקים
ספורט
אסטרטגיה
מאמן
טורניר

5 - Insekten

ש	א	ע	ל	ו	נ	ב	ר	ה	ש	מ	ת	ר	פ
א	ב	כ	ל	צ	ת	ד	ן	נ	כ	פ	ב	צ	ס
א	ד	ת	מ	ם	צ	פ	מ	ם	נ	ח	נ	ב	ג
מ	ח	ם	ע	כ	ט	ל	ר	ן	י	ף	ב	ה	ה
ה	ד	ק	י	צ	ה	א	ק	ק	מ	ח	ה	ף	מ
ן	פ	מ	ף	ש	ר	ם	ת	ח	ה	ר	ו	ב	ד
ט	א	ג	ן	ה	ט	נ	ל	ח	ת	ע	ל	ו	ת
ר	ע	מ	ה	מ	ל	ש	ל	מ	ג	ש	ר	צ	ש
מ	ת	י	ש	ו	פ	י	ח	ש	ו	ע	ר	פ	ט
י	ש	ן	ה	פ	ג	ח	ז	פ	ר	ע	א	ר	ם
ט	ט	ל	צ	פ	ד	ח	ח	י	ה	מ	י	פ	מ
ג	ג	מ	ם	ן	ל	פ	ג	ר	ף	ן	ת	ר	ה
ר	ש	נ	פ	ע	ה	ן	ב	י	ס	ב	ו	ש	ע
צ	ש	ע	כ	ס	ג	ף	ס	ת	ר	נ	ש	ס	ף

שפירית
פרת משה רבנו
עש
יתוש
פרפר
טרמיט
צרעה
תולעת
ציקדה

נמלה
דבורה
כנימה
פרעוש
גמל שלמה
חגב
מקק
חיפושית
זחל

6 - Dinosaurier

מ	ר	א	כ	ע	ר	ג	ו	ד	ל	מ	ג	ח	כ
ש	ה	כ	ף	ע	ח	ר	ד	א	ד	ז	כ	ש	ד
מ	ר	ו	ש	ע	צ	ו	ם	ו	ל	ח	נ	ב	ו
א	ב	ו	ל	ו	צ	י	ה	כ	ל	ר	פ	ב	ר
ו	מ	י	נ	י	ם	פ	ה	ל	ש	מ	י	פ	ה
ב	ת	ג	ג	ם	ם	ר	י	ע	א	מ	י	א	א
נ	ז	ע	א	ט	ם	ה	ע	ש	נ	ו	ם	ן	ר
י	ו	צ	מ	ש	ג	י	ל	ב	מ	ת	ש	ר	ץ
ם	ח	ט	ח	ז	ק	ס	מ	ג	מ	ה	ד	ל	נ
ט	ל	ג	ר	ג	א	ט	ו	ח	נ	צ	ט	ה	ג
ט	פ	ד	ח	ף	ת	ו	ת	ל	ג	ע	מ	ה	ר
ח	ן	ה	כ	ר	ן	ר	ט	נ	ן	ב	ן	מ	ה
ס	ת	ת	ח	ט	כ	י	צ	כ	ג	כ	א	ש	ט
ד	ה	מ	ף	ת	ג	ם	ב	ת	ש	ב	ב	ג	ד

מינים
טרף
מרושע
עצום
כדור הארץ
אבולוציה
כנפיים
מאובנים
גדול

גודל
חזק
ממותה
אוכל עשב
פרהיסטורי
זוחל
זנב
היעלמות

7 - Obst

א	צ	ע	ח	ח	ס	ד	מ	ס	כ	ת	ת	ג	פ
ג	ף	י	ז	ש	ו	ג	ל	פ	כ	פ	ה	פ	ד
ס	ג	י	ר	ב	א	פ	ו	א	ו	ד	א	ן	ת
ל	ת	ע	ד	ב	ת	ט	ן	ח	ט	י	ר	א	ח
י	ש	ב	ח	נ	ט	ל	כ	ב	ה	צ	פ	ש	פ
מ	ן	מ	פ	נ	ס	נ	נ	א	ם	ו	ת	כ	נ
ו	ה	ם	כ	ה	ר	ה	ב	צ	ס	ו	ק	ו	ק
ן	ל	ד	ג	מ	ד	ו	ד	ק	ו	ב	א	ל	ט
ס	צ	צ	ה	ש	א	ג	ג	י	ל	ה	ט	י	ר
ג	ל	ט	ש	מ	פ	ס	ם	ו	ה	פ	כ	ת	י
צ	ע	פ	ח	ש	ר	ג	ע	ו	ף	ב	ט	ן	נ
ת	ש	ם	ש	מ	ס	פ	ד	י	צ	נ	ף	ף	ה
נ	נ	ב	ב	כ	ק	ם	ד	צ	ן	ת	ן	ט	ה
ת	נ	ס	ס	פ	ר	נ	ם	צ	ר	צ	מ	ן	ד

קיווי	אננס
קוקוס	תפוח
מלון	משמש
נקטרינה	אבוקדו
כתום	בננה
פפאיה	ברי
אפרסק	אגס
שזיף	אשכולית
גפן	פטל
לימון	דובדבן

8 - Schule #2

ע	ט	ף	מ	ב	ק	א	ט	ם	ל	ס	ש	ס	ש
פ	י	ס	ד	ת	ר	מ	י	ל	מ	ו	נ	פ	ת
ל	ח	פ	ע	ף	י	נ	ף	ד	י	פ	י	ד	ף
ח	מ	ר	ר	ל	א	מ	ן	ש	ד	י	י	ר	ט
ף	פ	י	ט	ו	ה	פ	ב	ף	ה	ש	ר	א	ל
ה	ח	ה	נ	ש	ן	ע	ט	י	ם	ב	מ	ח	ק
מ	ל	ו	ח	ש	נ	ה	ן	ש	א	ו	ט	ת	א
י	ח	י	נ	ו	ך	ה	פ	מ	ן	ע	פ	ס	ו
ל	ג	ש	ס	פ	ר	ו	ת	ס	פ	ר	י	ם	ט
ו	ס	צ	ב	מ	ת	פ	ד	פ	צ	ם	ן	מ	ו
ן	ר	צ	ב	ד	ו	מ	פ	ר	מ	ת	מ	ס	ב
ד	ק	ד	ו	ק	ס	ר	ג	י	ג	ף	מ	פ	ו
ן	ג	פ	ג	ש	ש	ן	ה	י	ע	ן	ב	ת	ס
ט	ב	ב	נ	ם	ב	ע	נ	ם	ב	ם	ב	ש	ת

ספריה
חינוך
עיפרון
אוטובוס
ספרים
מחשב
דקדוק
לוח שנה
מורה
למידה

קריאה
ספרות
נייר
מחק
תרמיל
מספריים
עטים
מדע
סופי שבוע
מילון

9 - Spielzeuge

א	ע	ס	ח	ד	צ	ב	מ	ר	ד	ן	פ	פ	א
מ	ם	פ	מ	ר	מ	א	ל	ם	מ	ב	א	ם	ו
ם	א	ר	י	כ	ס	מ	א	ש	י	ן	ה	ם	פ
ש	ה	י	ח	פ	ב	כ	כ	ר	ו	ב	ו	ט	נ
ן	ח	ם	ן	ח	ו	פ	ת	ח	ן	ג	ב	ח	י
מ	ף	מ	כ	נ	ב	ן	י	ם	ר	צ	ע	מ	י
ר	ם	ה	ט	מ	ה	ד	ד	כ	צ	ש	פ	כ	ם
א	ה	ס	ג	ס	ר	כ	ב	ת	ן	צ	א	ו	נ
ס	פ	נ	ר	ת	ע	ב	ש	מ	ן	ה	ה	נ	פ
ל	ם	ת	נ	ע	ג	מ	ל	פ	ת	ו	פ	י	ם
ס	ת	ח	ש	מ	ה	ג	ר	נ	ח	כ	צ	ת	א
מ	ש	ח	ק	י	ם	כ	ט	ט	ף	ד	כ	ג	ג
ף	נ	ע	ת	ש	א	ג	מ	מ	ט	ו	ס	ל	ש
מ	ש	א	י	ת	ח	ד	נ	ס	י	ר	ה	ת	ס

משאית
דמיון
בובה
רובוט
שחמט
תופים
משחקים
חרס
רכבת

מכונית
כדור
סירה
ספרים
עפיפון
אופניים
אהוב
מטוס
מלאכת יד

10 - Camping

ת	ס	ל	מ	ל	א	ד	ף	מ	ע	כ	כ	א	ש
מ	ת	ע	ן	נ	ו	ט	ש	כ	ט	ם	ג	ן	ס
ס	צ	ף	ע	ס	ה	ת	ת	י	ו	ד	ט	ה	ן
ח	ע	פ	ה	ם	ל	צ	ט	ף	צ	ב	ש	ד	נ
כ	ג	כ	ן	כ	ף	ן	ר	ט	י	י	ע	ר	ט
נ	ח	ם	ח	ה	ג	פ	ל	ת	ד	מ	ר	ה	צ
ח	ט	ב	ע	א	ג	ל	ן	כ	פ	ר	ס	ש	ב
ט	מ	ת	פ	ג	נ	ה	ר	ד	ר	כ	ל	ל	ת
ח	ב	ל	ט	ם	ה	ן	ר	מ	ד	י	ר	ח	ן
ע	פ	ח	ל	ח	ן	ח	ר	פ	נ	ס	ל	א	צ
ק	א	נ	ו	ח	פ	ר	ן	ה	ת	א	ת	ם	פ
מ	צ	א	א	י	ד	ש	ת	ח	ן	ק	א	ם	ח
פ	פ	ח	ה	ו	ב	ן	ה	ר	ם	כ	ה	ר	מ
ף	מ	ת	צ	ת	פ	ד	ה	ק	כ	ף	ן	ם	כ

מצפן
פנס
ירח
טבע
אגם
חבל
כיף
חיות
יער
אוהל

הרפתקה
הר
אש
ערסל
כובע
חרק
ציד
תא
קאנו
מפה

11 - Zeit

ף	ש	נ	ת	י	ל	ח	ג	ת	ש	ל	פ	נ	י
ג	ע	כ	ש	י	ו	י	ש	ב	ב	ע	ג	ג	ו
ב	ו	ק	ר	ה	ב	ת	ל	פ	ו	ש	נ	ה	ם
ס	ן	ב	ף	א	צ	מ	א	ה	ע	ו	ם	ח	ר
ל	ו	ח	ש	נ	ה	נ	ת	י	פ	ר	ס	ן	ף
ע	ע	ר	ת	ל	ר	פ	מ	ו	ת	ט	א	ת	נ
ל	ת	ח	ן	ב	י	פ	ו	ם	ע	נ	ה	כ	נ
נ	י	ד	כ	ת	י	ח	ל	ג	ד	א	פ	ף	ב
ט	ד	ש	ת	מ	ם	נ	ט	מ	ג	נ	ת	ן	ס
ח	ו	ד	ש	ח	צ	ג	ן	ן	ח	ש	ג	ף	ח
ר	כ	ן	ד	צ	פ	כ	ן	ש	ר	ד	ע	א	ת
ר	ר	ע	ש	ם	ט	נ	ע	ע	נ	ע	ק	ה	ד
ם	ס	ג	ג	ד	צ	ט	ם	ף	ג	ה	ע	ה	ה
ם	ה	ן	ן	ל	א	ח	ר	ש	ח	צ	נ	ם	ג

חודש
בוקר
לאחר
לילה
שעה
יום
שעון
לפני
שבוע
עתיד

אתמול
היום
שנה
מאה
עשור
שנתי
עכשיו
לוח שנה
דקה
צהריים

12 - Säugetiere

ג	ס	ד	ב	ט	ע	נ	מ	ר	ס	ר	ד	ט	ע
ג	ע	ט	כ	ל	ה	ש	ק	נ	ג	ו	ר	ו	ף
ו	כ	כ	ש	ס	ג	ו	ב	ו	נ	ה	ס	ף	ן
ר	ב	ל	ב	נ	מ	ר	ר	ל	ן	ר	פ	כ	ב
י	ר	ב	ל	ש	פ	ז	ב	ר	ה	פ	ב	צ	צ
ל	ו	ל	ף	ש	י	ט	א	פ	ת	נ	ת	ת	ת
ה	ש	ו	ע	ל	ל	ם	ש	ב	ן	ת	נ	ס	ט
א	ר	ו	א	ר	י	ה	ח	ר	ע	ר	ד	ו	ב
צ	ג	י	ר	פ	ה	ת	ף	ע	ש	ר	ע	ד	ק
א	ת	ת	ה	פ	צ	ש	ח	ת	ב	ם	ב	ל	ו
צ	מ	ן	ש	ן	ל	ט	ש	ם	כ	ע	מ	ו	ף
ף	ב	ם	ז	ס	ש	ג	ן	ס	ן	ה	כ	נ	ת
ש	פ	ט	א	ל	ג	ף	ע	ל	ף	ע	ג	כ	א
ן	ל	ע	ב	ת	כ	ב	ד	א	מ	ת	א	ר	ף

אריה
פנתר
סוס
עכברוש
כבשים
שור
נמר
לוויתן
זאב
זברה

קוף
דוב
בונה
פיל
שועל
ג'ירפה
גורילה
כלב
קנגורו
זאב ערבות

13 - Astronomie

ס	כ	ו	כ	ב	ב	פ	כ	ש	ר	נ	ג	כ	ף
א	ד	ר	ק	ט	ה	ע	ש	פ	ק	צ	ל	א	ח
ס	ו	פ	ר	נ	ו	ב	ה	ם	י	ת	ג	ט	ס
ט	ר	צ	ם	ם	ד	ס	ע	ק	ע	מ	ל	ד	פ
ר	ה	מ	ט	א	ו	ר	ש	ב	פ	ל	ה	ה	כ
ו	א	ס	ט	ר	ו	נ	א	ו	ט	ו	מ	מ	ו
א	ר	ב	ל	י	ב	כ	ש	צ	ף	ו	ז	צ	כ
י	ץ	מ	ס	ר	ק	נ	ו	ת	ש	י	ל	פ	ב
ד	ם	ג	ק	ף	ף	ו	ב	כ	צ	י	ו	ה	ל
ת	נ	ס	ו	ן	ע	ה	ם	ו	ב	ן	ת	ת	כ
ן	ע	ר	פ	י	ל	י	ת	כ	ש	ש	ט	ה	ת
א	ס	ט	ר	ו	נ	ו	ם	ב	ע	י	ב	ר	פ
ק	ו	ס	מ	ו	ס	ף	נ	י	פ	ר	מ	י	ס
ב	ל	ח	ה	ס	נ	ג	ה	ם	ש	ח	ע	ד	ט

ערפילית
המצפה
כוכב לכת
רקטה
לוויין
כוכב
סופרנובה
טלסקופ
גלגל המזלות
יקום

אסטרואיד
אסטרונאוט
אסטרונום
כדור הארץ
רקיע
כוכב שביט
קבוצת כוכבים
קוסמוס
מטאור
ירח

14 - Ballett

ש	כ	ש	ע	ה	ם	צ	פ	ת	ר	ד	א	מ	ג
ס	ו	ל	ו	א	ר	ה	ת	א	ז	ה	ן	ד	ט
מ	ר	א	צ	נ	ח	כ	ע	מ	ג	מ	ן	ש	ה
מ	י	ג	מ	ח	ו	ו	ה	י	ל	נ	ו	ח	ל
ב	א	ר	ת	י	ן	ה	ח	ו	ט	ח	ף	ר	ע
י	ו	כ	א	נ	ש	צ	ף	מ	ף	ל	י	ב	ת
ע	ג	כ	ט	נ	ר	ק	ד	נ	י	ם	ם	ן	ן
ט	ר	ג	ח	י	י	פ	ת	ו	ר	ן	מ	ט	ם
כ	פ	ת	ש	ף	ר	פ	ב	ת	פ	צ	נ	ע	ה
נ	י	פ	ר	ן	י	ב	ד	מ	ו	ז	י	ק	ה
י	ה	ם	ם	ג	ם	ס	ג	נ	ו	ן	פ	א	ם
ק	כ	ב	ה	ק	ו	נ	א	מ	נ	ו	ת	י	ט
ה	ח	ז	ר	ה	ם	ל	ש	ף	ף	ע	מ	ה	ם
א	פ	ג	א	ל	ק	צ	ב	כ	ה	ס	ב	ת	ס

חינני
מביע
כוריאוגרפיה
מיומנות
מחווה
עוצמת
מלחין
אמנותי
מוזיקה
שרירים

תזמורת
תרגול
חזרה
קהל
קצב
סולו
סגנון
רקדנים
טכניקה

15 - Strand

צ	ס	פ	כ	ן	ב	צ	ב	כ	ח	ו	ל	ד	ב
ר	ח	ה	ל	ת	ן	צ	כ	ח	ו	ל	ה	ג	ט
ן	פ	ס	מ	ג	ח	פ	ס	ל	ף	ב	ג	ש	נ
ה	נ	כ	ר	א	ו	ק	י	י	נ	ו	ס	ע	ב
ל	ש	ח	ו	ת	פ	נ	ר	ן	ם	מ	נ	נ	ר
ל	מ	ה	ם	ח	ש	ת	ה	א	י	ר	ד	ד	פ
ש	ף	א	נ	ס	ה	נ	פ	צ	ף	צ	ל	כ	ח
מ	ו	ף	ד	ג	נ	כ	ל	ת	פ	ל	י	צ	ל
ש	ג	נ	ת	ף	ח	ד	ח	מ	ס	ד	ם	צ	ע
ן	ר	נ	י	ח	ט	ל	מ	פ	ר	ש	י	ת	ג
ר	נ	ר	נ	ת	ב	ס	ג	מ	ט	ר	י	ה	ן
ן	ח	ר	ש	ס	ל	ת	ב	ד	ן	פ	ג	א	מ
צ	ת	ע	ב	ש	א	ת	ת	ט	ג	ח	ס	ח	נ
ם	כ	ה	ט	ב	ם	ס	ס	נ	ד	ד	ח	ע	ם

אוקיינוס
מטריה
שונית
חול
סנדלים
לשחות
מפרשית
שמש
חופשה

כחול
סירה
עגן
מגבת
אי
סרטן
חוף
לגונה
ים

16 - Restaurant #1

א	ם	א	א	ל	ר	ג	י	ה	ג	ג	ס	ה	ם
פ	א	ף	א	ב	ו	ס	כ	י	ן	נ	ב	ח	פ
ק	מ	ם	ר	א	ט	ד	ד	ף	ן	ר	ל	ה	ב
ס	פ	ז	ה	ף	ב	ה	ן	ד	א	נ	ת	ז	ה
ס	ב	ה	ו	ף	ע	נ	צ	ג	ב	ה	ן	מ	ר
ב	מ	ה	ה	ן	ק	א	ף	ל	ג	ש	ע	נ	ס
ס	ט	ן	ם	ף	ע	ו	ף	ח	מ	ף	ר	ה	כ
ג	ב	ע	פ	נ	ר	ב	א	ם	ק	י	נ	ו	ח
פ	ח	ן	נ	ת	ה	ט	ר	ר	ח	ר	י	ף	נ
ן	ח	ג	ש	ן	ף	כ	ף	צ	כ	ה	ה	א	ש
ר	א	ם	ב	ם	פ	ש	מ	ל	צ	ר	י	ת	ב
ק	ו	פ	א	י	ת	ט	ג	ח	ת	צ	ב	ב	ח
ת	ג	מ	ב	ן	ש	ל	ע	ת	פ	ר	י	ט	ר
ר	כ	ף	פ	ר	ד	ש	צ	א	מ	פ	י	ת	צ

אלרגיה
לחם
קינוח
מזון
בשר
עוף
קפה
קופאית
מלצרית
מטבח
תפריט
סכין
הזמנה
קערה
מפית
רוטב
צלחת
חריף

17 - Geologie

צ	מ	נ	ה	מ	ב	ב	ם	ף	ח	ל	מ	צ	ה
ס	ן	ל	ת	ה	מ	ד	א	ת	ד	י	ע	ר	ש
ס	מ	ס	ה	צ	מ	ו	ח	ד	ר	ב	ג	מ	ט
נ	פ	ם	ד	ע	ע	פ	ף	ן	ע	ע	י	ה	ן
ג	ש	ה	ח	ם	ר	ג	ב	מ	ש	ע	י	ף	ף
ה	ק	י	ח	ש	ה	ן	ה	ו	ף	פ	ז	י	מ
נ	ם	י	ר	ו	ז	ח	מ	ת	ד	ס	ר	ב	ט
מ	ש	נ	נ	ף	נ	נ	נ	כ	ן	ב	א	ש	ת
מ	ר	ט	ט	ד	ן	ג	מ	ת	ה	ב	ל	ת	ב
מ	ם	י	ל	ר	נ	י	מ	א	ף	ק	מ	ח	ת
ע	ם	ף	ר	ו	ז	א	ח	ב	ו	נ	ו	ל	ן
ן	ד	י	ס	צ	ו	ה	ף	ו	ת	מ	ג	נ	ר
ם	ד	נ	מ	ב	ם	כ	ר	ם	ח	ע	ם	ם	פ
ג	פ	ל	ן	א	פ	ץ	ל	ב	ל	ש	ת	ח	מ

מינרלים
רמה
קוורץ
מלח
חומצה
נטיף
אבן
הר געש
אזור
מחזורים

רעידת אדמה
שחיקה
מאובן
מותכת
גייזר
מערה
סידן
יבשת
אלמוג
לבה

18 - Wissenschaft

ש	י	ט	ה	פ	א	ת	ס	ב	ה	א	מ	נ	ח
מ	נ	ת	ב	ח	ב	ט	א	ח	ע	ק	ע	ת	ח
א	י	ן	ד	מ	ו	צ	ו	ת	ו	ל	פ	ו	ט
ו	ס	נ	ת	ן	ל	ע	ר	ם	ב	י	ב	נ	ד
ב	ו	צ	ר	כ	ו	ת	ג	ה	ד	ם	צ	י	צ
ן	י	פ	ג	ל	צ	ה	נ	ח	ה	ל	ת	ם	כ
ר	ב	י	מ	כ	י	מ	י	מ	ע	ב	ד	ה	פ
מ	ף	ז	ד	ו	ה	ם	ז	ט	ב	ע	ת	ל	ד
צ	כ	י	ע	ב	ל	צ	ם	ד	ד	ת	ר	מ	פ
מ	ת	ק	ן	נ	ם	ק	נ	ל	ב	ר	ש	ן	א
ח	ן	ה	ע	ט	ר	ף	ו	כ	מ	מ	ג	ט	ב
י	ע	ש	פ	מ	ד	ף	ם	ל	נ	ב	פ	פ	ח
ם	צ	ל	ס	כ	נ	נ	ף	ח	ו	ש	נ	ם	ר
ח	ל	ק	י	ק	י	ם	א	ן	ש	ת	ס	ע	ר

אטום
כימי
נתונים
אבולוציה
ניסוי
מאובן
הנחה
אקלים
מעבדה
שיטה

מינרלים
מולקולות
טבע
אורגניזם
חלקיקים
צמחים
פיזיקה
עובדה
מדען

19 - Bildende Kunst

ק	ס	ט	נ	ס	י	ל	ן	מ	ה	ד	א	כ	א
ש	ר	י	צ	י	ר	ת	י	ו	ת	ר	ט	ר	ד
ע	ט	מ	ן	ה	מ	פ	ש	א	מ	ר	כ	א	ר
ו	י	ת	י	ת	ל	ט	פ	ד	ג	ן	ם	ב	י
ו	ב	פ	מ	ק	ח	ד	ג	ח	ֶ	ר	ֶ	ס	כ
ה	צ	א	ר	ב	ה	י	א	ס	ט	פ	ש	ר	ל
ם	ת	מ	ע	ו	ש	ו	ש	ע	ג	ר	ן	כ	ו
מ	ט	ן	ת	ח	ן	ק	ע	צ	ם	ס	ט	ן	ת
א	ב	ן	פ	ח	ם	ן	מ	ס	ט	פ	ט	צ	ד
ל	כ	ה	ש	ן	ה	ש	נ	ד	ן	ק	ג	י	ר
ע	ט	ם	ח	ף	ט	ף	ל	ד	מ	ט	ב	ו	נ
ד	ד	ב	ט	ד	ש	כ	ל	ל	צ	י	ו	ר	פ
י	צ	י	ר	ת	מ	ו	פ	ת	ב	ב	פ	ר	כ
ס	ה	כ	ף	צ	ם	ם	א	ם	ע	ה	א	פ	ע

אדריכלות
עיפרון
סרטט
ציור
פחם
קרמיקה
יצירתיות
גיר
אמן
לכה
יצירת מופת
פרספקטיבה
דיוקן
סטנסיל
כן ציור
עט
חֶרֶס
שעווה
הרכב

20 - Sport

ב	ר	ט	א	ש	ח	ק	ן	ר	ר	ז	ס	צ	ח
ד	ח	ב	צ	צ	ו	ו	ת	א	צ	ו	ג	נ	ע
ו	כ	מ	ג	ן	ט	נ	י	ס	נ	כ	ס	ב	מ
ר	מ	א	מ	ן	צ	ד	ת	ש	ר	ה	נ	ן	ש
ס	פ	ו	ר	ט	א	י	י	ב	ן	ג	ש	ם	ח
ל	א	ו	פ	נ	י	י	ם	ו	ג	ם	ט	ף	ק
כ	ל	ב	י	י	ס	ב	ו	ל	ן	ב	א	א	ם
צ	ס	ל	ש	ח	ו	ת	ב	ד	ה	ה	מ	ת	ל
ה	ף	ד	א	ב	א	ת	ט	כ	ש	ס	ן	ת	כ
ת	צ	ת	פ	ד	ל	ג	ו	ל	ף	נ	כ	ן	ת
ש	נ	ט	ט	ה	י	מ	פ	ג	ם	צ	ס	ג	ן
ש	ו	ו	מ	מ	פ	ם	ן	נ	ס	צ	ם	ח	ר
ש	ן	פ	ע	כ	ו	ה	ת	ע	מ	ל	ו	ת	ר
פ	ט	ד	ט	ה	ת	צ	ה	ו	ק	י	ת	ם	ה

צוות
אליפות
שופט
לשחות
משחק
שחקן
אצטדיון
טניס
מאמן

ספורטאי
בייסבול
כדורסל
תנועה
הוקי
אופניים
זוכה
גולף
התעמלות

21 - Mythologie

צ	ש	ם	נ	ף	צ	ג	ת	כ	ת	פ	ק	א	ת
מ	ט	ט	ף	ט	א	ג	ד	ה	ו	ע	נ	ב	ר
פ	פ	ם	נ	ק	מ	ה	י	ן	ק	ח	א	ט	ב
ג	ף	ל	ֵ	ן	פ	ס	ש	ב	ס	א	ה	י	ו
ן	ע	ו	צ	א	ס	ו	ן	ר	ו	צ	כ	פ	ת
ה	נ	ח	ַ	ת	ח	כ	ל	ק	ם	ר	נ	ו	ש
מ	נ	ם	ח	ב	ש	ר	ע	צ	ם	י	ם	ס	ג
ת	ב	ת	ר	ן	א	ת	מ	פ	ב	כ	צ	ב	צ
ן	ל	ט	נ	ת	ן	א	ם	ן	ן	ת	ח	ג	ס
מ	ר	ס	י	מ	ב	ו	ך	ט	ע	ר	ו	מ	ל
ד	ע	י	צ	ו	ר	ג	ד	ה	ד	ש	ן	ן	ה
ר	ם	מ	י	ת	ה	ת	נ	ה	ג	ו	ת	מ	ם
ף	ת	ן	ר	ה	א	ל	ט	ל	ר	ר	כ	ב	ד
פ	ח	נ	ה	ל	ד	ר	ל	ם	ן	ר	ר	כ	מ

מבוך
אגדה
קסום
מפלצת
נקמה
כוח
בן תמותה
ניצחון
נֵצַח
התנהגות

אבטיפוס
ברק
רעם
קנאה
גיבור
אסון
יצירה
יצור
לוחם
תרבות

22 - Restaurant #2

ה	ע	ב	ן	ן	ה	ה	ס	ע	ת	ם	א	א	ת
צ	נ	כ	מ	ל	צ	ר	פ	ל	ע	נ	ר	ר	ב
ר	ת	ה	ז	מ	ט	ע	י	ם	ט	ג	ו	ו	ל
ב	ה	ד	ל	ש	פ	ו	ר	ש	ם	ח	ח	ח	י
נ	י	ד	ג	ב	פ	ג	ו	ת	ת	כ	ת	ת	נ
ע	ן	צ	כ	ף	ג	ה	ת	ה	כ	ת	ע	צ	י
ם	ד	ג	י	צ	ס	י	ר	ק	ו	ת	ר	ה	ם
ג	כ	כ	ף	ם	א	ט	ר	י	ו	ת	ב	ר	ג
ג	ג	ע	נ	מ	ף	צ	כ	ב	ת	פ	ט	י	ל
ל	ל	ד	ם	ט	א	ג	ב	ף	מ	י	ם	י	ם
נ	ד	ן	ע	כ	י	ס	א	ן	ל	ת	ן	ם	ם
ע	מ	ם	ב	ח	ן	ע	ס	נ	ח	ע	א	ס	צ
א	ר	ל	ס	א	ק	ר	ח	מ	ם	ר	ש	ב	ן
פ	ח	מ	ר	ק	ה	ר	ח	ט	ן	כ	ס	ל	ן

עוגה
כף
ארוחת צהריים
אטריות
סלט
מלח
כיסא
מרק
מתאבן
מים

ארוחת ערב
ביצים
קרח
דג
פירות
מזלג
ירקות
תבלינים
מלצר
טעים

23 - Ökologie

ן	ס	ם	ד	א	מ	ק	ה	י	ל	ו	ת	נ	צ
פ	כ	פ	ש	מ	ג	ס	ג	צ	מ	ח	י	ם	מ
ף	א	ק	ל	י	ם	ל	ש	ם	א	י	פ	ד	ח
ח	ע	ט	ש	ם	ר	כ	נ	ף	ם	ם	ה	ן	י
ה	י	ש	ר	ד	ו	ת	מ	ר	ש	ט	פ	מ	י
ט	ח	פ	ג	ת	מ	ף	ש	ב	פ	ס	ה	צ	ה
ב	ב	מ	ת	ב	ה	ר	א	ת	מ	ש	ן	צ	כ
ע	צ	ע	י	ס	כ	ה	נ	ג	פ	ס	כ	ס	ל
ד	ו	ף	י	נ	ב	ר	ק	י	י	מ	א	ב	ב
ח	ר	ל	ס	ג	י	י	ח	ו	כ	ס	ד	צ	ב
ח	ת	ע	פ	ג	ג	ם	ף	ו	ד	ד	ה	א	צ
ד	ה	ח	ף	ב	ם	ה	ת	ן	ן	ס	צ	נ	פ
ט	נ	ש	ס	ד	ל	צ	מ	ת	נ	ד	ב	י	ם
ה	ח	י	נ	ם	ף	מ	ש	א	ב	י	ם	צ	ת

מינים
הרים
בצורת
החי
מתנדבים
קהילות
אקלים
ימי
בר קיימא

טבע
טבעי
צמחים
משאבים
מרש
הישרדות
צמחייה
גיוון

24 - Schokolade

נ	ן	ן	א	מ	ע	ל	ש	א	ק	ף	ג	ט	ג
ף	מ	ג	ס	כ	ה	כ	ת	י	ק	ק	נ	ף	ס
א	ה	ו	ב	נ	ג	ד	מ	כ	ו	ז	א	מ	ב
ה	ש	ת	ו	ק	ק	ו	ת	ו	ק	ש	ו	ו	ן
ב	ק	ל	ח	ת	ט	ג	כ	ת	ו	ף	ב	ט	מ
מ	ר	כ	י	ב	ל	ש	ו	ן	ס	פ	ק	ע	י
ף	מ	ר	י	ר	ט	נ	ן	ט	ע	ם	ל	י	ל
מ	ל	ת	ע	צ	ר	צ	צ	ט	ד	ג	ו	ם	ס
ב	א	נ	ו	ג	ד	ח	מ	צ	ו	ן	ר	ל	ם
צ	כ	ת	פ	ק	א	ב	ק	ה	נ	ט	י	ח	ח
צ	ו	א	ס	ו	כ	ר	פ	ס	ש	ת	ו	ה	ד
ב	ל	ב	ס	כ	ע	ה	פ	צ	ן	ר	ת	ם	ג
ס	ש	כ	א	כ	ט	ב	ו	ט	נ	י	ם	ד	נ
ה	ן	ן	ת	ל	ח	ג	ן	ע	ף	ן	ח	א	מ

קוקוס
טעים
אבקה
איכות
מתכון
מתוק
השתוקקות
סוכר
מרכיב

נוגד חמצון
מריר
בוטנים
לאכול
אקזוטי
אהוב
טעם
קקאו
קלוריות
קרמל

25 - Boote

ם	ש	ע	ד	מ	ק	א	נ	ו	ק	מ	צ	מ	ה
ר	מ	ן	א	ם	ת	ו	ר	ן	פ	י	ל	ת	ש
י	מ	י	ג	פ	נ	ק	פ	פ	ן	ף	א	ח	ח
ל	ג	פ	ם	צ	ג	י	ס	א	מ	נ	ן	ק	ט
ט	ד	ח	ט	ל	ם	י	ו	ח	ן	ל	ס	ף	ט
ע	ח	מ	צ	ה	ס	נ	ד	ח	י	ד	מ	ח	ד
א	ב	כ	ש	ג	ע	ו	ה	ן	א	ב	ה	פ	ל
ח	ל	א	ף	ת	ה	ס	ר	ר	כ	כ	ג	ש	נ
ש	ע	ח	מ	צ	ו	ף	י	ם	ט	מ	נ	ו	ע
ג	מ	ט	פ	ו	ע	ג	ן	ס	ה	ד	ד	ם	ו
כ	ת	מ	ל	ו	מ	ע	ב	ו	ר	ת	ל	מ	ג
צ	ח	ס	צ	ת	ם	ג	ל	י	ם	ס	ס	ת	ן
מ	פ	ר	ש	י	ת	ח	נ	ח	פ	כ	ת	נ	ח
ר	ף	ר	צ	נ	ע	נ	ן	פ	צ	א	ה	ל	נ

ים
מנוע
ימי
אוקיינוס
אגם
מלח
מפרשית
חבל
גלים
יאכטה

עוגן
מצוף
צוות
עגן
מעבורת
רפסודה
נהר
קיאק
קאנו
תורן

26 - Stadt

ל	א	מ	ס	ע	ד	ה	ג	ן	ח	י	ו	ת	כ
ג	מ	ו	ז	י	א	ו	ן	ר	ה	ש	ה	ה	ע
ן	צ	ף	נ	ע	ט	ת	ם	א	ר	מ	ל	ו	ן
מ	ג	ב	ב	י	א	ב	י	ת	מ	ר	ק	ח	ת
א	ל	א	ג	נ	ב	ע	מ	ה	ל	פ	ש	ש	ק
פ	ר	ח	י	ם	ק	ר	ע	א	פ	א	ו	ת	ו
י	י	ס	ר	ג	ל	ל	ס	ן	פ	ה	ק	י	ל
י	ה	פ	ל	ב	ל	ן	ן	י	ח	ר	א	א	נ
ה	ן	ר	ת	ב	ם	ל	ר	ש	ט	ס	ח	ט	ו
ף	ט	י	פ	צ	י	ה	ע	ב	ג	ה	פ	ר	ע
ר	ף	ה	פ	ה	כ	ת	ס	ב	ע	ת	ד	ו	כ
א	צ	ט	ד	י	ו	ן	ס	מ	מ	ן	ט	ן	ב
ש	ד	ה	ת	ע	ו	פ	ה	פ	ח	כ	נ	א	א
ח	נ	ו	ת	ס	פ	ר	י	ם	ר	ם	ס	ת	ן

בית מרקחת
בנק
מאפייה
ספריה
פרחים
חנות ספרים
שדה תעופה
גלריה
מלון
קולנוע

מרפאה
שוק
מוזיאון
מסעדה
בית ספר
אצטדיון
תיאטרון
אוניברסיטה
גן חיות

27 - Aktivitäten

י	א	נ	פ	ח	נ	ר	ו	י	צ	ח	כ	ר	ן
ט	ח	ף	ע	ס	ת	א	ת	י	ה	ג	י	ר	ס
י	א	ד	י	ת	כ	א	ל	מ	ה	ק	ק	ג	ש
ו	מ	י	ל	ע	ת	ו	נ	מ	ו	י	מ	נ	כ
ל	נ	ג	ו	נ	ם	ה	ת	ד	ל	צ	פ	ס	ת
י	ו	י	ת	ו	ר	נ	ת	ב	י	ע	י	ג	ת
ם	ת	נ	ת	ג	נ	ע	פ	ד	ד	ל	נ	א	ע
ל	א	ו	ל	ס	ת	ב	מ	ב	ש	ם	ג	ד	נ
ר	ש	ן	ת	ש	צ	ט	ש	נ	ע	ל	מ	ת	ם
ף	ר	ל	מ	ש	ל	ק	ח	ס	ה	ע	ל	ב	א
ת	ד	ע	כ	ב	א	ס	ק	ף	כ	מ	כ	ת	ש
ח	נ	מ	ם	פ	ם	ם	י	נ	נ	נ	פ	ר	ס
ט	צ	ה	א	י	ר	ק	ם	ה	י	פ	ר	ה	ט
ב	כ	נ	צ	ש	ב	צ	פ	ף	ה	ר	י	פ	ת

אמנות
מלאכת יד
קריאה
קסם
תפירה
משחקים
סריגה
ריקוד
תענוג
טיולים

פעילות
דיג
קמפינג
הרפיה
מיומנות
צילום
פנאי
גינון
ציור
ציד

28 - Bienen

ד	ב	ש	ש	ש	מ	ש	ט	ם	ח	ת	ס	צ	מ
ן	ל	א	ע	ר	ז	ו	ה	א	ג	נ	ע	ן	ל
צ	ג	ן	ו	מ	ו	ם	ע	ם	ג	פ	נ	נ	כ
ן	ע	ד	ו	ג	ן	ת	ש	י	ע	ר	ח	ג	ה
ד	פ	ן	ה	ן	ס	ת	ן	ף	ל	ח	א	י	ר
ם	ד	ב	ע	ט	ד	ש	מ	ת	ר	י	ע	ו	ב
פ	כ	ד	ע	ב	כ	א	ס	ע	ר	ם	ד	ו	ש
ע	י	פ	ר	י	ח	ה	ט	צ	ה	ם	ד	ן	ר
ס	ט	ר	כ	ר	צ	כ	צ	פ	א	ל	ר	ת	כ
מ	א	ג	ו	ת	צ	נ	מ	א	ב	י	ק	ף	ם
פ	א	ם	ו	ת	צ	פ	ח	ר	ק	ר	ן	ע	ר
פ	ת	ף	ר	ס	ג	י	י	י	ה	ב	ת	ס	ם
ט	א	נ	ת	ד	ם	י	ם	ד	ל	ב	ד	ר	ף
ם	ש	ע	ה	ן	ל	ם	ע	ט	ף	פ	ן	ף	ל

מאביק
כוורת
פרחים
פריחה
מזון
כנפיים
פירות
גן
דבש
חרק

מלכה
צמחים
אבקה
עשן
נחיל
שמש
גיוון
מועיל
שעווה

29 - Wissenschaftliche Disziplinen

פ	נ	ד	א	א	נ	ט	ו	מ	י	ה	ג	ב	ב
ס	ו	ת	ס	ש	נ	מ	כ	נ	י	ק	ה	ו	ל
י	י	ל	ט	צ	ס	ה	ד	מ	צ	ף	ד	ט	ש
ב	ר	ג	ר	ם	ט	ע	צ	י	פ	צ	ט	נ	נ
ו	ו	ף	ו	ף	נ	ח	ב	נ	כ	מ	ה	י	ו
ל	ל	ד	נ	ע	כ	נ	ג	ר	ל	ס	ם	ק	ת
ו	ו	ב	ו	ב	א	ק	ו	ל	ו	ג	י	ה	ב
ג	ג	י	מ	א	ר	כ	א	ו	ל	ו	ג	י	ה
י	י	ו	י	מ	ס	ג	צ	ג	ף	ר	ר	צ	ד
ה	ה	ל	ה	ב	ד	פ	ל	י	כ	ת	מ	כ	ד
ב	י	ו	כ	י	מ	י	ה	ה	ג	ס	ף	י	ר
ש	ח	ג	ג	י	א	ו	ל	ו	ג	י	ה	מ	א
צ	א	י	מ	ו	נ	ו	ל	ו	ג	י	ה	י	א
ר	ם	ה	פ	י	ז	י	ו	ל	ו	ג	י	ה	נ

אנטומיה
ארכאולוגיה
אסטרונומיה
ביוכימיה
ביולוגיה
בוטניקה
כימיה
גיאולוגיה

אימונולוגיה
בלשנות
מכניקה
מינרלוגיה
נוירולוגיה
אקולוגיה
פיזיולוגיה
פסיכולוגיה

30 - Vögel

נ	י	צ	ב	ג	ע	ב	פ	ח	ם	ן	פ	ר	ף
ל	נ	מ	ף	ח	ן	י	ן	ף	כ	צ	ר	ר	ב
א	ש	ם	א	ע	נ	צ	ס	ע	ב	נ	ע	ה	כ
נ	ו	ף	ו	ג	ר	ה	נ	נ	ז	ו	ו	ר	ב
פ	ף	ר	ו	ה	ט	ט	ש	ב	א	ש	ף	ר	ע
ה	ב	ו	ז	ן	ע	ע	ק	מ	ש	ר	ו	ר	ד
נ	י	ל	פ	ג	ן	ט	נ	ר	ש	נ	א	ח	ל
ן	נ	ה	ל	ב	פ	ן	א	ה	ש	ג	כ	מ	ט
ס	א	נ	מ	ר	ה	ד	י	ס	ח	ה	ש	פ	ש
ט	א	י	י	ב	ב	ש	ד	ס	ף	ב	צ	ט	ד
ו	ט	ו	נ	ו	כ	ת	ר	ה	י	י	ק	ו	ק
ו	ג	נ	ג	ר	ו	ן	מ	ף	ד	ס	א	ק	א
ס	ש	ה	ו	כ	ר	פ	ן	ע	כ	ל	ע	א	ת
מ	ם	נ	י	ר	ס	נ	ד	ת	צ	ר	א	ן	פ

נשר
ביצה
ברווז
ינשוף
פלמינגו
אווז
עוף
עורב
קוקייה
שחף

תוכי
שקנאי
טווס
פינגווין
אנפה
ברבור
דרור
חסידה
יונה
טוקאן

31 - Garten

פ	ף	ב	כ	ג	א	ע	ש	מ	א	ת	ל	ע	ט
ה	ס	ר	ט	ף	נ	ע	ע	מ	ש	ה	ש	ר	א
ח	ת	ס	ה	פ	ר	ג	מ	ש	ו	ב	מ	ס	ד
ה	ה	ן	ן	ט	א	פ	ט	ה	י	פ	ו	ל	מ
מ	ג	ג	ן	א	נ	ת	ה	ם	ו	ר	ס	ד	ה
ר	ן	פ	פ	ת	ם	ה	ש	ל	ה	ח	ך	מ	ח
פ	ב	ת	ד	ח	ה	ו	י	ף	ח	צ	ע	ג	ן
ס	פ	צ	ש	פ	ט	נ	ט	ה	כ	י	ר	ב	פ
ת	ע	ש	א	י	ה	ם	ג	ל	ת	נ	ח	ט	ב
ש	ס	ג	ם	ר	ס	ה	ס	ס	ל	ו	ס	ש	ה
כ	ד	ד	ג	ה	ט	צ	ף	כ	ח	ר	ח	ת	ת
ב	ה	ר	ף	ל	נ	ע	ף	ד	מ	נ	ר	ש	ב
ל	ס	ס	ח	מ	ת	ע	ן	ד	ל	כ	מ	ם	ר
ס	ש	פ	ה	כ	ג	ץ	ע	מ	ת	ל	ס	פ	ס

מגרפה
את חפירה
צינור
בריכה
טרסה
טרמפולינה
עשבים שוטים
המרפסת
גדר

ספסל
עץ
פרח
אדמה
בוש
מוסך
גן
דשא
ערסל

32 - Antarktis

ר	ן	ק	ה	ר	ו	ט	ר	פ	מ	ט	ג	נ	ת
ס	ר	ר	ף	ו	צ	פ	ב	ז	ס	ח	ח	ה	ם
ח	ה	ח	צ	ח	ט	פ	ג	ת	ר	ו	מ	י	ש
ף	ג	ו	צ	ו	ר	א	ם	ג	ג	ק	ב	ת	ת
ד	י	נ	ף	ת	ו	צ	ס	ח	צ	ר	פ	צ	ם
ט	ר	י	ה	ו	מ	ב	ם	י	ל	ר	נ	י	מ
ו	ה	ם	י	צ	י	ע	נ	י	ק	ו	ר	פ	ג
פ	ת	ר	ף	ב	ם	ף	ן	ת	ש	ב	י	ו	א
ו	ש	ח	ה	ל	ת	ח	ל	ש	מ	ה	ם	ר	ו
ג	ב	צ	צ	מ	ת	ט	מ	י	ע	ד	מ	י	ג
ר	ם	י	ם	ד	ה	ש	ב	צ	ה	ס	ם	ם	ר
פ	ל	ה	ף	ף	ס	א	ה	צ	ת	נ	ע	ח	פ
י	ן	א	ד	ב	ח	ץ	ר	פ	מ	ט	ת	ת	י
ה	ג	י	ד	ת	ל	ת	ם	ף	צ	ד	מ	ש	ה

הגירה
מינרלים
טמפרטורה
טופוגרפיה
סביבה
ציפורים
מים
מזג אוויר
רוחות
מדעי

מפרץ
קרח
שימור
משלחת
רוקי
חוקר
גאוגרפיה
קרחונים
חצי האי
יבשת

33 - Fahren

ד	ר	ח	ב	ת	ל	ח	ל	ד	ת	ט	ם	א	ס
ב	ס	ר	כ	א	נ	ג	ד	ל	נ	ם	מ	א	ה
ר	ד	כ	ש	ו	פ	ו	ל	ק	ן	ב	ג	ו	ת
ב	ת	ף	פ	נ	מ	ה	ע	כ	מ	ע	מ	פ	כ
ב	א	ה	ב	ה	ם	ב	ב	ה	א	ג	ש	נ	מ
ת	ס	כ	נ	ה	ר	ט	ד	ף	ם	א	א	ו	נ
ת	ף	ל	ה	מ	ה	י	ר	ו	ת	ו	י	ע	ו
מ	כ	ו	נ	י	ת	ח	כ	ש	ח	ט	ת	פ	ע
נ	מ	ר	ה	ס	ה	ו	ג	ז	ב	ו	מ	פ	ה
ה	ג	ש	י	ב	ר	ת	ב	ה	ו	ב	ר	נ	ס
ר	פ	ע	ט	ש	ש	ם	א	י	ר	ו	ב	ל	ש
ה	ס	ל	ח	ר	י	א	ן	ר	ה	ס	ב	ש	ף
א	ט	פ	ל	ף	ה	ו	מ	ו	ס	ך	ף	ש	ע
ל	ע	ב	ל	מ	י	ם	ן	ת	פ	ע	ף	ר	ף

משאית
מנוע
אופנוע
משטרה
בטיחות
תחבורה
מנהרה
תאונה
תנועה
זהירות

מכונית
בלמים
דלק
אוטובוס
מוסך
גז
סכנה
מהירות
מפה
רישיון

34 - Bücher

פ	ן	ם	ב	ר	ר	נ	צ	ד	ק	ס	ס	ד	ה
א	ת	צ	א	ם	ח	כ	ר	ש	ר	א	ו	ס	ף
פ	ע	א	ה	ר	פ	ת	ק	ה	י	ר	ר	י	ם
י	נ	ם	ו	מ	ח	ב	ר	ש	י	ר	ה	פ	ח
א	ג	א	מ	ת	צ	ג	ה	פ	ן	ש	ם	ו	ע
ן	נ	ד	ו	כ	ח	א	ל	ק	ף	ף	ם	ר	ד
ן	ק	ו	ר	א	ן	ל	ה	ה	ש	ט	ע	מ	ג
ל	ש	א	י	ס	ד	ר	ה	י	נ	ר	ד	ג	ם
ע	ה	ל	ס	פ	מ	ן	ב	ס	כ	ל	ף	ן	ש
כ	צ	י	ט	ר	ו	מ	ן	ט	ר	ג	י	א	ן
ם	ה	ו	י	ו	ל	ם	ף	ו	א	ה	ם	ל	ד
ף	כ	ת	ח	ת	נ	מ	צ	ר	ת	א	ג	ה	ה
ם	צ	ג	ב	י	מ	כ	ס	י	ב	ף	מ	ב	ם
פ	ר	ט	מ	ת	ה	ח	צ	ס	ף	ף	ס	נ	מ

הרפתקה
מחבר
דואליות
אפי
המצאה
קריין
שיר
סיפור
נכתב
היסטורי

הומוריסטי
אוסף
הקשר
קורא
ספרותית
שירה
רומן
דף
סדרה
טרגי

35 - Menschlicher Körper

ם	נ	ם	ד	צ	ט	ש	ג	ל	ש	פ	ד	ל	ט
ר	ם	פ	נ	ם	ב	ש	ב	ש	ה	ס	ה	ס	ף
ל	צ	ת	ם	ן	א	א	ב	ו	ה	ד	ס	ת	ה
ג	א	ן	ה	כ	נ	ט	מ	ן	כ	ל	ת	ע	צ
ן	ע	ל	ד	ם	פ	פ	ם	ש	א	ן	ת	צ	ר
ת	א	ע	ל	צ	ם	ל	נ	א	ג	א	ם	ט	ף
ד	ף	ק	ר	ס	ו	ל	ע	ח	מ	ו	ח	ש	ח
א	כ	פ	ם	ס	צ	ע	צ	פ	ר	ז	ג	ס	ר
ס	צ	נ	ב	נ	ו	ש	ג	ב	פ	ן	ר	מ	ח
ר	צ	ב	ף	ט	ו	ב	ע	ח	ד	פ	נ	ת	כ
כ	ת	ף	ע	ר	א	ב	ו	ף	פ	פ	צ	נ	ת
פ	נ	י	ם	ג	ר	ל	ר	נ	ג	מ	ר	פ	ק
פ	ט	ד	ד	ל	ב	ט	א	ך	ט	ר	מ	ר	ל
כ	ע	כ	ם	א	ף	נ	ש	ח	פ	ן	א	נ	ף

רגל
דם
מרפק
אצבע
מוח
פנים
צוואר
יד
עור
לב

לסת
סנטר
ברך
קרסול
ראש
פה
אף
אוזן
כתף
לשון

36 - Klettern

ח	ן	ף	פ	כ	ב	ל	ם	ת	ס	ף	צ	ס	ט
מ	מ	ד	ר	י	כ	י	ם	ף	ד	ס	ס	פ	י
ע	ג	ג	ו	ב	ה	ד	ר	כ	ה	ח	ג	ם	ו
ר	פ	פ	צ	י	ע	ה	ם	פ	ר	ת	ל	מ	ל
ה	ר	ס	י	צ	ח	צ	ה	פ	א	ת	כ	א	י
ד	ח	ף	כ	י	ג	כ	מ	ו	ת	ן	ט	ת	ם
ן	ע	ט	ט	א	ם	ג	מ	ת	ד	ש	פ	ש	צ
ה	ן	ן	מ	ו	מ	ח	ה	צ	ג	ק	כ	ו	ח
נ	ת	א	א	ו	צ	פ	י	ז	י	ע	ס	א	ר
ה	ם	ט	ה	י	כ	כ	ה	מ	ה	ג	פ	ד	ש
ט	פ	צ	כ	ר	ת	ב	ד	א	צ	ן	נ	מ	ה
ן	כ	צ	ת	ה	י	צ	י	ב	ו	ת	ף	ף	ג
ס	ק	ר	נ	ו	ת	ג	ר	ח	א	ח	ה	ח	ה
ל	ע	ד	ר	ה	ע	ן	ת	פ	ג	ה	ח	נ	ד

אווירה
הדרכה
מומחה
מדריכים
כפפות
קסדה
גובה
מערה
מפה

סקרנות
פיזי
צר
יציבות
כוח
מגפיים
פציעה
טיולים

37 - Landschaften

ב	ל	ן	פ	ל	ג	ח	ג	ט	ס	ח	ה	ה	ג
י	ב	ע	ט	ל	ג	ו	נ	ה	ה	ר	א	ג	ם
צ	ע	מ	ק	א	א	ף	ג	ח	ן	ש	ל	ה	מ
ה	מ	פ	ל	ל	ן	ר	ב	ע	ד	מ	ע	ר	ה
ן	ה	פ	ב	א	ף	ח	ע	ד	ק	ס	ם	ג	ס
נ	ה	ר	ר	ח	צ	י	ה	א	י	ר	ם	ע	ף
ע	מ	כ	מ	ץ	ס	ש	ח	ה	ו	ת	ח	ש	פ
ם	ת	ל	ג	ע	ה	ס	ש	נ	ן	א	מ	ו	ן
פ	כ	ן	ט	ף	א	ם	ה	ג	מ	ל	ז	ש	ן
ן	ח	ם	ו	מ	ד	ב	ר	י	ר	ח	פ	י	נ
ת	ן	ם	נ	ר	ם	ם	ן	י	ג	ח	ד	ם	ס
ל	ף	ל	ד	ש	ב	ן	ג	ז	מ	ף	א	ב	ל
ב	פ	ף	ר	ב	ל	ה	א	ר	ח	ן	ט	ס	ג
א	י	ל	ה	פ	ד	ה	ג	צ	ף	ח	ט	ל	נ

הר
קרחון
נהר
גייזר
מפרץ
חצי האי
מערה
גבעה
אי
לגונה

ים
אואזיס
אגם
חוף
ביצה
עמק
טונדרה
הר געש
מפל
מדבר

38 - Abenteuer

ד	ל	מ	ס	ל	ו	ל	כ	מ	א	ט	ה	ג	צ
ת	ב	ב	נ	פ	צ	מ	ב	מ	מ	ה	ד	ג	מ
א	מ	ה	ד	ע	י	ו	פ	י	צ	כ	ן	א	ל
א	ה	ס	ע	י	ע	ו	ח	ד	ש	ת	ד	ע	ה
ת	ו	ס	ע	ל	ד	ע	צ	ג	ע	ה	ג	ת	ז
א	ה	מ	ע	ו	ף	ס	ף	א	ס	ב	ש	ג	ד
ם	ג	ט	ץ	ת	ט	י	ו	ל	ד	ב	ב	ס	מ
ט	ב	ע	נ	י	ו	ו	ט	ד	ר	ו	פ	ד	נ
מ	פ	ת	י	ע	ע	מ	ם	ם	צ	ע	פ	ג	ו
ה	ס	ס	י	כ	ו	י	ר	כ	פ	ל	ע	ן	ת
כ	ס	ו	ק	ו	ש	י	ב	ט	י	ח	ו	ת	נ
נ	ע	א	כ	ח	ב	ר	י	ם	ש	מ	ח	ה	א
ה	ן	ד	ת	ן	כ	ף	א	צ	ס	ט	ר	ף	ל
ת	ן	ן	ר	ט	ל	מ	ן	ה	ת	צ	ח	ד	א

מסלול
יופי
קושי
בטיחות
אומץ
יוצא דופן
מפתיע
הכנה
יעד

פעילות
טיול
סיכוי
שמחה
חברים
מסוכן
הזדמנות
טבע
ניווט
חדש

39 - Flugzeuge

מ ם נ ם ר י ו ו א ס פ ר ר מ
ע ע ט ב ד ה ט ד ו ט ג ק ע מ
ם ן מ י מ ה י ר ו ט ס י ה פ
צ ר כ נ ה ל י ד י ע ה ע ר ח
מ ט ו ו י נ ס ג ר מ ם י פ ה
ב מ ה ח מ ע ל ה ה ה ש צ ת ה
נ ד ד פ ז ע ה ד י ר י ו ק נ
י ח ן ן ג כ ב נ צ ה ג ב ה ס
י פ ת פ א נ ן ו א ף ד ל ס ר
ה י ה ב ו ג ו ס ש ש ם ו ה צ
ג ם ר ף ו ת ף ע ה ס ת ן מ מ
ע ו נ מ י ה ע ב ד ש כ ג ה ד
א ע צ ח ר ל א ח ה צ ב ם ל ג
ף ן ן ל פ נ ל ח ף ה ה ק ס ד

בנייה
אוויר
מנוע
ניווט
נוסע
טייס
מדחפים
סערה
מימן
מזג אוויר

הרפתקה
ירידה
אווירה
בלון
דלק
צוות
עיצוב
היסטוריה
רקיע
גובה

40 - Haartypen

ב	ד	ף	ט	ג	נ	ל	נ	מ	נ	כ	א	ר	ב
מ	ל	ב	ן	ס	צ	כ	ע	א	ת	ב	ל	ת	ש
ר	ב	ו	ש	ל	מ	ש	מ	ת	ד	ג	ן	ף	ד
ס	ך	ל	נ	ל	ו	צ	ב	ע	ו	נ	י	ת	ם
ג	ל	א	ת	ד	ת	ת	ר	כ	ש	ן	ל	ה	ל
ק	ל	ר	ל	ה	י	ק	י	ר	ח	ב	א	א	ת
ל	מ	י	ת	ל	ב	נ	א	פ	ו	ר	ח	ו	ם
ו	ר	ר	ל	ס	ש	ם	י	ל	ר	ז	כ	ע	ע
ע	ן	מ	י	מ	ת	ו	ל	ת	ל	ה	ם	ה	ה
ב	ג	ן	ם	ה	ב	ט	ע	כ	ב	ח	ס	ט	ת
ה	כ	ף	נ	ט	נ	ל	צ	ד	ט	ה	כ	ן	נ
א	ס	ד	ש	ר	ל	ט	א	ר	ו	ך	ד	א	פ
ן	ף	פ	ח	ד	כ	ם	ל	ם	מ	ן	כ	ל	כ
ת	נ	נ	ט	ש	ה	ל	ח	פ	ט	ק	צ	ר	ף

ארוך
תלתלים
מתולתל
שחור
כסף
יבש
רך
לבן
גלי
צמות

בלונדיני
חום
עבה
רזה
צבעוני
קלוע
בריא
אפור
קירח
קצר

41 - Essen #1

ן	ג	ס	ד	ט	ל	ח	ב	ס	ל	א	ט	ף	צ
ח	ם	ל	צ	ב	ת	ח	ל	ר	ף	ט	מ	י	ץ
כ	כ	ט	ף	ש	ו	ף	פ	ב	צ	ל	ר	ה	ס
ס	ט	ו	ב	ר	ת	ט	ת	ף	ח	ק	ק	ח	נ
נ	ת	נ	ד	כ	ש	ב	ן	ד	ח	פ	י	ד	ל
א	ף	ה	ח	ר	ד	ת	ס	פ	ד	ה	נ	ה	ף
מ	כ	ש	כ	ן	ה	ט	ג	ל	ס	מ	מ	ת	ף
ת	ל	ט	ל	ם	ש	כ	ל	ר	ם	צ	ו	ר	מ
ר	י	ח	ן	ה	ע	ף	ר	ת	ר	ד	ן	ע	ן
פ	מ	ן	ר	ש	ם	ת	ם	א	ס	ו	כ	ר	ן
ה	ו	ט	ת	ט	ח	ה	ה	ג	ל	ג	ג	ז	ר
מ	ן	כ	ם	ש	ר	ב	מ	ס	ם	ל	ת	ה	ל
ם	צ	ף	ש	ו	ם	ע	ת	מ	ה	ח	ש	ל	ף
ף	צ	ע	ר	ת	ס	מ	ב	צ	נ	ט	ט	צ	ה

מיץ
סלט
מלח
תרד
מרק
טונה
קינמון
לימון
סוכר
בצל

ריחן
אגס
תות שדה
בוטן
בשר
קפה
גזר
שום
חלב
לפת

42 - Gebäude

ט	ט	ף	פ	ג	ת	ה	פ	צ	מ	ה	ה	א	מ
כ	ק	ד	ד	א	ב	ה	ד	ו	ו	ה	ף	ו	ל
ן	ו	ר	ט	א	י	ת	ס	ב	ז	ס	ב	ה	ו
פ	ל	פ	ס	א	ת	ך	ל	י	י	ה	ת	ל	ן
ע	נ	פ	ו	ו	ס	ר	ע	ת	א	ו	ק	ש	מ
פ	ו	מ	פ	נ	פ	ה	א	ח	ו	ס	ב	ג	כ
מ	ע	ח	ר	י	ר	ד	ס	ו	ן	ט	ד	ר	כ
פ	כ	ם	מ	ב	ע	ש	ם	ל	כ	ל	ט	י	ה
מ	נ	ט	ר	ר	ן	ת	ר	י	ם	ס	ע	ר	ב
ה	פ	כ	ק	ס	נ	ר	ר	ם	ס	ם	ש	ו	ע
ט	מ	ף	ט	י	ס	ה	ד	ב	ע	מ	ב	ת	ש
נ	פ	ה	ם	ט	ת	ר	ן	ו	י	ד	ט	צ	א
ה	ע	ם	ן	ה	ת	ר	ת	ג	ת	פ	ד	א	ל
ה	ל	ע	ח	ד	ר	ל	א	כ	ד	ע	כ	נ	ן

מוזיאון
המצפה
אסם
בית ספר
אצטדיון
סופרמרקט
תיאטרון
מגדל
אוניברסיטה
אוהל

משק
שגרירות
מפעל
מוסך
הוסטל
מלון
תא
קולנוע
בית חולים
מעבדה

43 - Angeln

א	ג	ד	ב	נ	כ	כ	מ	ט	ט	מ	כ	ד	נ
כ	פ	צ	ת	ט	ש	ג	ר	ת	ן	ב	צ	ט	ל
פ	ג	ל	ח	ם	ש	ן	ס	ה	נ	ם	ן	א	ג
ם	ר	ל	פ	ן	ד	צ	צ	ר	ז	ף	ש	פ	נ
ט	ע	ת	ט	ס	נ	פ	י	ר	י	ם	ש	י	ה
ן	ה	ת	צ	י	ו	ד	ו	ו	מ	י	ם	ת	כ
ס	ם	ש	ט	ר	ף	כ	ש	ש	י	ד	א	י	פ
מ	ב	ל	פ	ה	ע	ם	צ	ש	ם	ס	ל	ו	א
ש	א	ל	נ	א	ו	ק	י	י	נ	ו	ס	ן	ג
ק	נ	ז	נ	מ	נ	ב	ל	פ	א	ט	ם	ל	ם
ל	ס	ת	נ	ו	ה	ג	ז	מ	ה	ן	ח	ח	ח
נ	פ	ע	ל	י	ת	ת	ם	ד	מ	ן	פ	ו	נ
מ	ט	כ	ד	ל	י	ן	ה	ג	מ	ם	ג	ט	כ
ל	ף	ש	ד	ד	ר	ם	מ	ח	ו	ף	נ	ה	ר

ציוד
סירה
חוט
סנפירים
נהר
סבלנות
משקל
וו
עונה
לסת

זימים
סל
פיתיון
אוקיינוס
אגם
חוף
הגזמה
מאזניים
מים

44 - Regenwald

ם	י	נ	נ	ע	ב	ט	צ	ב	ל	פ	ן	ח	י
ג	ב	ב	ן	ו	ת	צ	ן	ר	ע	ה	ד	ו	ף
ו	ד	נ	ט	ב	ר	ף	ל	פ	מ	ח	נ	ר	ס
נ	ג	נ	ף	ע	פ	ף	ח	ע	פ	ק	ג	ת	צ
ג	י	ף	ף	נ	ח	מ	ב	נ	י	פ	א	צ	י
ל	ו	ח	ע	ט	ר	ת	מ	ם	ת	מ	ט	מ	פ
ט	ו	ט	ע	ת	ו	ד	ר	ש	י	ה	ש	ק	ו
ל	ן	ח	ה	א	ד	ם	י	נ	י	מ	פ	ל	ר
ד	ו	ב	כ	ע	נ	ם	י	ל	ק	א	ע	ט	י
ו	ג	א	ע	ב	ם	ם	י	ק	ר	ח	ל	צ	ם
ח	ע	ף	ג	כ	ב	ד	ר	ה	ם	כ	ט	נ	ה
י	כ	ט	כ	א	פ	ב	כ	י	ה	ב	ס	ם	צ
י	ה	פ	ן	ל	מ	ד	ח	ל	ל	ב	ף	ש	ל
ם	ש	מ	פ	ה	ל	ע	ע	ה	ה	ר	ל	צ	ט

טבע
כבוד
יונקים
הישרדות
גיוון
ציפורים
יקר
עננים
מקלט

דו-חיים
מינים
בוטני
ג'ונגל
יליד
קהילה
חרקים
אקלים
טחב

45 - Essen #2

ב	נ	ר	נ	ס	ת	ל	כ	פ	ב	ט	ת	ל	א
ל	ט	מ	ס	ל	ר	י	פ	ט	ר	י	י	ה	ס
ח	צ	י	ל	ב	פ	ר	ם	ם	ו	ו	ס	פ	פ
ג	ר	כ	ן	נ	ת	ס	ר	א	ק	ג	א	ע	ר
ת	ב	י	צ	ה	ף	כ	ע	ר	ו	ו	ב	כ	ג
ע	ש	י	ג	ן	ס	ג	ב	ט	ל	ר	ע	ח	ו
ג	ד	ן	נ	ל	ח	ם	ח	י	י	ט	ז	ס	ס
ב	נ	נ	ה	ה	י	ל	נ	ש	ו	ק	ו	ל	ד
נ	ן	ש	ף	מ	ט	א	ת	ו	ק	ס	ס	ד	ג
י	ח	ף	נ	ל	ה	ש	פ	ק	ן	ד	פ	ת	ש
י	ד	ו	ב	ד	ב	ן	ו	ן	נ	א	ה	פ	ב
ה	צ	ש	ל	ג	צ	מ	ח	כ	ד	ף	נ	ת	ח
ג	ד	פ	ג	ש	ע	ש	ע	ם	ן	ח	ת	ר	ם
ג	ח	ה	ל	ס	ח	ח	ס	ן	ח	ת	ח	ר	ש

תפוח
ארטישוק
חציל
בננה
ברוקולי
לחם
ביצה
דג
יוגורט
גבינה
דובדבן
שקד
פטרייה
אורז
חם
שוקולד
סלרי
אספרגוס
עגבנייה
חיטה

46 - Familie

ר	מ	ס	ב	ה	כ	ד	ל	ח	פ	ת	כ	ף	י
ת	כ	פ	ל	ן	ף	ר	ט	נ	א	ג	ת	ה	ל
כ	כ	ח	נ	כ	ד	ו	ד	ש	פ	ג	ר	ס	ד
ש	ל	ב	ע	ס	ף	ו	ו	ת	ף	ל	ד	ב	ו
ת	ד	נ	ב	ד	ס	ת	ד	ג	ש	א	ש	ה	ת
א	ר	ל	ם	ס	ב	א	ה	א	ע	פ	ב	כ	ב
ב	פ	ב	כ	ב	ח	י	ם	ח	ט	ש	ר	ה	פ
ק	ש	ב	ת	ת	ב	מ	א	י	מ	ה	י	נ	י
ד	פ	ת	צ	א	ת	א	ח	י	י	ן	ס	ר	פ
מ	ס	נ	ש	ב	ע	ל	ו	נ	ע	א	ם	צ	פ
ו	ט	ד	כ	ה	צ	ע	ת	י	א	ח	ב	ה	פ
ן	ת	ע	ח	ב	י	ל	ד	ת	נ	ר	ב	א	ס
ס	ב	ף	ב	ג	ה	ד	ף	צ	ם	פ	ש	ח	א
צ	צ	ט	ם	ף	ע	ס	ח	ן	ס	צ	ף	פ	ן

אח
אשה
בעל
נכד
סבתא
סבא
ילד
ילדות
אימא
אימהי

אחיין
אחיינית
דוד
אחות
דודה
בת
אבא
אבהי
בן דוד
אב קדמון

47 - Pflanzen

פ	י	ר	ב	ש	ט	צ	ע	ב	ע	נ	ד	ט	מ
פ	כ	ר	ו	כ	ה	ף	ע	מ	ס	ו	ט	ק	ק
ט	פ	ס	ש	נ	ג	ח	ָ	ב	ן	ע	ח	ע	ף
ף	ס	ח	מ	ן	ה	ט	ל	ו	א	צ	ב	ץ	ס
ש	ח	כ	ש	כ	א	מ	ִ	ק	ח	ע	ם	ט	ם
ג	ע	ע	ן	ס	ג	פ	י	צ	ע	ג	ף	ג	ה
כ	ה	ל	ע	ן	ב	ר	ם	ל	ב	ק	א	ש	ד
ת	ף	ר	מ	מ	א	ח	י	ת	י	ע	ו	ע	ש
ת	כ	ה	ס	ר	ן	כ	ם	ס	כ	כ	ג	נ	צ
פ	כ	ב	ל	ס	ו	ד	ו	ה	ה	מ	ן	ט	מ
ש	ת	צ	ן	ת	ם	ס	צ	ש	ש	ר	ו	ש	ח
כ	ש	ג	ר	צ	ב	ג	ר	ג	ד	ע	ף	א	י
ד	ר	ת	פ	ה	ק	י	נ	ט	ו	ב	ר	ע	י
פ	מ	ר	ח	ע	ע	ם	ת	ד	ב	ן	ש	ד	ה

קיסוס
גן
דשא
קקטוס
עָלִים
טחב
שמש
צמחייה
יער
שורש

במבוק
עץ
ברי
עלה
פרח
עלי כותרת
שעועית
בוטניקה
בוש
דשן

48 - Kunst

ל	ג	צ	מ	ן	ב	מ	ה	ח	ת	ח	ן	ש	ת
ם	נ	ת	ג	מ	א	צ	ר	ג	ר	ם	נ	ט	כ
ט	ת	ד	ר	ת	ל	ב	כ	ה	כ	פ	נ	מ	ר
ל	ל	פ	ש	ו	ט	ר	ב	צ	ח	פ	צ	ע	פ
פ	א	ב	ף	ף	ג	ו	ד	כ	ז	ס	מ	ג	ע
ש	י	ח	צ	ד	ב	ח	מ	ק	ו	ר	י	ג	א
ד	ש	ס	מ	ל	כ	י	ר	נ	ת	ף	כ	ר	ע
ת	י	א	ו	ע	נ	ט	ט	צ	י	ו	ר	י	ם
מ	ע	ח	ר	ל	ה	ג	נ	ו	ש	א	כ	ח	נ
צ	ד	ט	כ	צ	ף	צ	נ	ב	י	ע	א	א	ש
ש	ה	צ	ב	ט	ם	ק	ר	מ	י	ק	ה	נ	ח
ד	י	ס	ו	ר	י	א	ל	י	ז	ם	ע	כ	ש
ב	צ	ר	ס	כ	ן	ם	ל	ם	ן	ע	ף	ש	ם
ט	ח	ן	ה	ש	ר	א	ה	ר	א	ן	ש	ג	ח

ביטוי
כנה
פשוט
נושא
ציורים
השראה
קרמיקה
מורכב
מקורי
אישי
שירה
פיסול
מצב רוח
סוריאליזם
סמל
חזותי
הרכב

49 - Gewürze

ק	ה	ד	א	ב	ל	ט	ח	מ	ו	ץ	ש	ו	ם
א	י	ל	א	ל	ל	ע	א	ו	ד	ל	ו	ם	ר
ר	ד	נ	ש	ו	ש	ם	ר	ס	ם	ף	מ	ג	ן
י	ת	ל	מ	ר	י	ר	ף	ק	ש	ח	ר	ל	ם
ב	צ	י	פ	ו	ר	ן	ם	ט	א	ט	צ	ף	ס
ב	פ	צ	ל	מ	ן	ה	א	ה	ר	ן	פ	ת	פ
מ	ת	ו	ק	ן	ב	ז	ע	פ	ר	ן	ט	ע	ן
מ	ם	מ	כ	ה	ף	צ	ה	ל	א	ף	ג	ה	ם
ם	ם	ל	ט	צ	ד	כ	ד	פ	פ	ר	י	ק	ה
ב	צ	ל	ט	ב	ג	ן	א	ל	ט	נ	נ	ד	כ
ל	ב	ד	ב	מ	ר	פ	ח	נ	ג	ם	ג	ף	ח
צ	ג	צ	ף	ל	כ	ף	ח	פ	י	ר	ר	פ	מ
ס	ה	נ	כ	ח	ו	נ	י	ל	ף	ס	ג	ה	כ
ן	ל	ה	ג	נ	כ	ה	כ	ר	ח	ע	צ	ל	ס

אניס
מריר
קארי
שומר
טעם
ג'ינג'ר
הל
שום
שוש
מוסקט

ציפורן
פפריקה
פלפל
זעפרן
מלח
חמוץ
מתוק
וניל
קינמון
בצל

50 - Gemüse

ד	נ	ן	ן	ל	ע	פ	מ	ה	נ	ב	ש	ס	ס
צ	ע	ד	ש	ן	ת	ג	ע	מ	ע	ם	ב	מ	כ
ב	ד	ג	ע	ף	ם	מ	ב	צ	ל	ג	ח	א	ג
ת	פ	ו	ח	א	ד	מ	ה	נ	ח	צ	י	ל	י
א	ת	א	ש	ג	ל	ס	מ	ט	י	ת	מ	כ	נ
ג	ת	צ	ב	ר	ע	ל	ל	ט	ד	י	כ	ר	ג
א	ז	י	ת	ף	ת	ט	פ	ר	ה	כ	ה	ו	ר
פ	ט	ר	י	י	ה	א	פ	ד	י	א	ש	ב	ל
ו	צ	ד	ש	כ	ב	ר	ו	ק	ו	ל	י	י	פ
נ	ם	ל	ת	ד	ב	ט	ן	ח	ש	ת	ש	ת	ת
ה	ל	ה	נ	ש	ן	י	א	ס	כ	ן	ה	ד	ר
ת	ן	ט	ד	ף	ג	ש	ו	ם	ן	ן	מ	צ	ד
ח	ח	צ	פ	ט	ר	ו	ז	י	ל	י	ה	ע	ח
ם	פ	ח	נ	ת	ר	ק	ת	ת	א	ל	ן	ט	ן

ארטישוק
חציל
כרובית
ברוקולי
אפונה
מלפפון
ג'ינג'ר
גזר
תפוח אדמה
שום

דלעת
זית
פטרוזיליה
פטרייה
לפת
סלט
סלרי
תרד
עגבנייה
בצל

51 - Katzen

ש	ב	צ	ס	ח	מ	ח	ע	ת	א	ג	ס	ש	ג
מ	מ	א	י	ל	ש	ה	ח	ף	ס	צ	ל	ש	ט
ס	ת	ב	מ	ס	ו	ס	ט	ג	פ	א	ר	ס	ב
מ	ה	י	ם	ת	ג	ק	מ	א	ח	ר	צ	ב	כ
פ	ס	י	פ	ע	ע	ר	ב	כ	ע	ז	ף	ש	ם
ם	ה	ש	ס	צ	ה	ן	פ	ה	נ	י	ש	ת	ע
ח	ר	ן	פ	מ	פ	פ	ש	ב	ש	ח	ט	ש	ה
פ	ב	ש	ח	א	ן	ר	ן	ט	ק	י	ח	צ	מ
ג	ס	ו	ף	י	ת	ו	י	ש	י	א	פ	י	ש
מ	ט	ן	ם	נ	ת	ו	א	ה	נ	מ	פ	י	כ
ת	ם	ד	ש	ט	ס	ה	ט	א	מ	ל	פ	ד	ט
ם	ס	ש	כ	פ	ל	כ	ף	ב	ה	נ	ף	כ	ר
צ	ת	ג	ג	ג	א	ת	ה	ג	י	א	ר	פ	מ
נ	צ	צ	צ	ן	ג	מ	ת	ט	ש	ם	כ	ה	ן

כפה	פרווה
שינה	חוט
ביישן	צייד
זנב	מצחיק
עצמאי	חיבה
משוגע	עכבר
קטן	סקרן
פראי	אישיות

52 - Tanzen

ב	ט	כ	כ	ר	א	ג	י	ת	ו	ז	ח	מ	ש
נ	ח	מ	ה	ב	צ	ק	י	ר	ה	ג	ז	פ	ב
ג	ו	ז	ת	ב	ס	צ	ס	ב	פ	ם	ר	כ	ן
פ	ג	ג	ף	ט	י	ת	ר	ו	ס	מ	ה	ע	א
ע	ש	צ	ה	ב	ה	ד	ט	ת	ש	ג	ר	צ	ר
צ	פ	ה	ה	ל	ח	ה	ק	י	ז	ו	מ	פ	ס
ה	ס	ע	ן	נ	ש	מ	ד	צ	א	ף	ס	ם	ה
ט	צ	פ	ס	ד	ק	מ	ת	ס	א	ת	ת	ד	ד
ה	ע	י	ב	מ	ל	כ	ט	ר	נ	ח	ש	ח	ח
ם	נ	מ	ח	ט	ַ	מ	צ	ו	ה	ג	ר	נ	א
ה	י	מ	ד	ק	א	צ	ע	ר	ד	מ	ף	מ	ג
ס	מ	ח	ע	ח	ס	ה	ד	ג	צ	נ	נ	מ	מ
ם	ש	ט	מ	מ	.	ל	א	ש	ף	ו	ב	ף	ש
ל	ט	מ	ל	ה	י	צ	כ	ג	ת	ש	ג	ד	ר

תרבות
אמנות
מוזיקה
בת זוג
חזרה
קצב
מסורתי
חזותי
אקדמיה
מביע
תנועה
רגש
שמח
יציבה
קלַאסִי
גוף

53 - Ernährung

מ	צ	ח	ט	ם	מ	ב	ע	נ	ר	ן	פ	צ	ד
ת	ו	כ	י	א	ן	י	ז	מ	ם	נ	פ	נ	ס
ס	כ	ל	ו	ע	כ	ר	ם	ט	פ	ח	ט	ם	ע
י	ל	ז	ח	ו	ן	ד	ת	ט	ק	ר	ט	מ	נ
ס	ן	ן	ל	ם	י	נ	ג	ד	ל	ר	ר	ר	ט
ה	ה	ט	א	י	ד	ע	כ	ן	ו	ב	א	י	ת
מ	ט	א	י	ר	ב	ן	ל	ע	ר	כ	ג	ר	ו
ש	ד	ד	ם	ם	ע	ת	ו	מ	י	מ	ח	פ	י
ק	ם	י	נ	ו	ב	ל	ח	ל	ו	ח	א	ח	ט
ל	א	ר	ת	ג	ר	ר	ג	ע	ת	כ	ש	ר	מ
ן	ב	ו	ל	ר	י	כ	ר	ע	ע	נ	ף	ה	י
ם	ע	ט	ה	ר	א	ג	ב	א	ב	ת	ע	ר	ן
פ	א	ב	ט	ש	ו	נ	ב	ט	ל	ס	ת	ן	ף
ן	ן	א	ת	מ	ת	ר	ף	ם	ע	ל	ע	ג	ת

תיאבון
מאוזן
מריר
דיאטה
אכיל
תסיסה
טעם
בריא
בריאות
דגנים

משקל
קלוריות
פחמימות
מזין
חלבונים
איכות
רוטב
רעלן
עיכול
ויטמין

54 - Technologie

ג	ר	מ	ח	ה	ק	י	ט	ס	י	ט	ט	ס	ק
ן	מ	ס	ח	ס	ן	פ	ד	פ	ד	א	ש	צ	ו
ד	ג	ך	ף	ן	י	ל	ט	י	ג	י	ד	ג	ב
מ	צ	מ	ף	י	ג	נ	מ	ן	ת	נ	נ	ג	ץ
צ	מ	ח	ה	א	ת	מ	ל	צ	ו	ט	ט	מ	ס
ט	פ	ש	ב	ו	צ	ד	ח	ל	כ	ר	ק	ח	מ
ב	ף	ב	נ	ל	ן	פ	ו	ג	נ	נ	ד	ג	נ
ת	ם	י	מ	ד	ס	ה	י	ד	ה	ט	ג	ד	ר
י	ם	ה	צ	ש	ר	פ	ר	ף	ת	ט	ם	נ	ג
ם	נ	ו	פ	מ	ח	כ	ט	ע	ר	ה	ס	נ	ט
ד	ב	ד	ר	ם	ש	ם	ו	כ	מ	מ	ף	ע	ט
ד	ה	ע	מ	ח	ס	ש	א	א	ר	ל	ב	ל	ט
כ	ם	ה	ט	פ	ג	ו	ל	ב	מ	ת	ף	ל	נ
ר	א	ף	ן	ו	ח	ט	י	ב	ד	ן	מ	ד	ה

מסך
בלוג
דפדפן
בתים
מחשב
סמן
קובץ
נתונים
דיגיטלי
מחקר
אינטרנט
מצלמה
הודעה
גופן
ביטחון
תוכנה
סטטיסטיקה
וירטואלי
נגיף

55 - Wasser

צ ב ע ף ם א ה י ק ש ה ה ל ת
ה כ ת ב ר ו ו צ ת ל ת ח פ ל
ת ח ל ק מ ק ר ם ש ג ע ה ש ס
ן ט מ מ נ י י ת ו ח ל ע ט ס
י ו ד י א י ק ס ט ע ה ד ע צ
פ ת ש ר ה נ ן ת ס ע נ ש א ף
ל ג ס ב צ ו צ ב פ א ח ע ט ב
כ פ ע כ פ ס ק ף מ ג ן כ ל ג
ג מ ם ג א ר ם ט ל ס ם ב י ל
ג ל ה ח ר ר ו פ כ פ י ש י
ש ג ט כ ר ם ף ס נ ן ז ת צ ם
ן ו ס נ ו מ ש ט צ ר ד ל ח ף
ת ש ע ן ע ם ש ם ל פ ט ל ן ם
נ ע כ ג ר ר נ כ ל צ ן ס ל ב

השקיה
מקלחת
קרח
לח
לחות
נהר
כפור
גייזר
הוריקן

התעלה
מונסון
אוקיינוס
גשם
שלג
אגם
אידוי
גלים

56 - Science Fiction

ד	ט	ש	ל	מ	צ	א	פ	נ	ט	ס	ט	י	ף
י	צ	כ	ר	ס	ף	ש	מ	ת	פ	ש	מ	ב	ף
ס	א	ש	נ	ת	כ	ל	ע	ד	מ	י	ו	נ	י
ט	ק	י	צ	ו	נ	י	ו	ט	ד	ל	צ	א	ג
ו	ס	ש	מ	ר	ל	ה	ל	ק	ו	ל	נ	ו	ע
פ	ח	ן	נ	י	ס	ו	ם	ג	ס	ה	א	ט	ץ
י	ע	ת	י	ד	נ	י	ג	נ	ף	פ	ו	ו	ן
ה	ח	א	ח	מ	פ	ח	ל	י	ס	ר	ר	פ	ן
ת	ר	ח	י	ש	כ	ט	ק	ר	ה	ת	ק	י	ג
ר	ו	ב	ו	ט	י	ם	ס	ף	ר	ף	ל	ה	ם
ש	ח	ט	ש	ר	נ	ד	י	צ	ב	ר	ד	ל	ד
ב	ו	כ	ב	ל	כ	ת	ה	ף	ן	נ	ה	ף	ן
נ	ן	כ	י	מ	י	ק	ל	י	ם	א	ל	ם	ט
ד	ה	ט	צ	כ	א	נ	כ	ג	ט	ש	מ	ל	נ

ספרים
כימיקלים
דיסטופיה
פיצוץ
קיצוני
פנטסטי
אש
עתידני
גלקסיה
מסתורי

אשליה
דמיוני
קולנוע
אורקל
כוכב לכת
רובוטים
תרחיש
טכנולוגיה
אוטופיה
עולם

57 - Haustiere

ט	ו	נ	כ	ף	נ	צ	א	א	ר	נ	ב	צ	כ
פ	ט	ח	מ	ח	ת	ו	ל	ר	ש	ם	ס	ד	כ
ר	ר	נ	י	ז	א	ם	כ	ח	ט	ת	כ	ף	ד
י	י	ף	ם	ע	ו	כ	ם	ה	ת	ו	כ	י	ם
ם	נ	צ	ה	ח	ג	ן	ח	ח	כ	ל	ב	ל	ב
ג	ר	ש	ת	ת	ר	מ	ב	ע	ל	ט	ת	נ	כ
ה	צ	ם	ע	ת	א	כ	פ	ה	ב	א	ם	ו	ש
צ	ו	ו	א	ר	ו	ן	ר	ז	ח	ה	ש	ע	ל
ג	ע	ז	ף	ף	מ	ג	ה	נ	ע	כ	ב	ר	ט
ה	ה	ט	צ	ב	ף	ד	ע	ב	נ	נ	ס	ע	כ
נ	ס	ל	מ	כ	ל	ג	ג	ף	ר	מ	ב	ג	ת
ט	פ	ע	ד	פ	ש	מ	ף	ב	ת	ח	כ	ח	א
ם	פ	ב	מ	ח	ר	ת	ר	ט	א	צ	ט	ס	ם
צ	ב	מ	ף	ד	כ	כ	ם	ל	ב	פ	ם	מ	נ

לטאה
מזון
דג
אוגר
ארנב
כלב
חתול
חתלתול
צווארון
טפרים

פרה
רצועה
עכבר
תוכי
צב
זנב
וטרינר
מים
כלבלב
עז

58 - Geburtstag

ה	ל	ז	מ	ן	כ	ח	ש	א	ם	נ	י	ש	ם
ב	ר	ט	י	ס	י	ם	ו	ל	ע	ו	ג	ו	ע
ף	מ	ל	ו	ח	ש	נ	ה	כ	ף	ל	ה	ה	ם
נ	כ	ל	ח	ח	ט	ה	ז	ח	מ	ד	נ	ט	ע
ר	ג	מ	ד	ש	מ	ח	מ	ג	ף	ה	ש	נ	ה
ו	ע	ו	ג	ה	ט	ב	נ	י	כ	נ	ף	א	פ
ת	ש	ד	ר	ד	ד	ר	ו	ג	פ	ט	ן	ב	ש
ע	י	ב	ג	ש	א	י	ת	ה	ש	מ	כ	ן	כ
ה	ר	ר	ן	ס	צ	ם	ד	ת	ר	א	ג	כ	י
ס	ע	א	ת	מ	ח	נ	ן	א	ח	ב	ש	ח	ף
צ	ד	ע	ן	פ	ס	ב	ת	ש	ם	ן	נ	ן	ס
ש	ע	ם	ל	ל	כ	ף	ה	ם	ג	א	ה	ם	ף
ע	ל	י	ב	ג	מ	ת	נ	ה	מ	ס	ט	צ	צ
ט	ן	מ	ר	ה	צ	ע	ם	מ	ת	צ	ח	ט	ח

הזמנות
חגיגה
חברים
נולד
מתנה
שמח
שנה
צעיר
לוח שנה
כרטיסים
נרות
עוגה
ללמוד
שיר
מפלגה
כיף
מיוחד
יום
חוכמה
זמן

59 - Literatur

ק	צ	ב	כ	נ	ח	ט	נ	פ	ב	ף	ש	מ	ט
ר	ר	צ	מ	ב	ע	צ	י	צ	ו	ד	א	ח	ר
י	ם	ן	ע	ס	ן	ע	ת	ס	ל	א	מ	ב	ג
י	ב	ד	י	ו	נ	י	ו	נ	ף	ב	ט	ר	ד
ן	ן	כ	ש	ב	ש	ן	ח	מ	כ	י	פ	י	י
ע	ר	כ	ת	נ	ו	ש	א	ה	ש	ו	ו	א	ה
ת	ס	ף	ס	נ	פ	ן	ן	ם	ן	ג	ר	ר	א
ט	י	ף	ג	ד	צ	ח	ר	ו	ז	ר	ה	ו	נ
ס	ס	א	נ	ק	ד	ו	ט	ה	ר	פ	ש	מ	ל
נ	י	ה	ו	ד	י	ש	ף	ד	א	י	ה	ן	ו
ד	ד	כ	ן	ר	א	ף	נ	ל	ט	ה	ב	ש	ג
ת	צ	ג	ו	ף	ל	ש	ד	מ	ח	ף	ר	מ	י
ף	נ	ב	ש	ם	ו	י	ה	ע	ר	ב	ג	ד	ה
ע	ת	נ	ף	א	ג	ר	ש	ן	כ	ט	א	ש	ף

אנלוגיה
ניתוח
אנקדוטה
מחבר
תיאור
ביוגרפיה
דיאלוג
קריין
בדיוני
שיר

מטפורה
פואטי
חרוז
קצב
רומן
סיכום
סגנון
ערכת נושא
טרגדיה
השוואה

60 - Wandern

מ	ח	א	ש	מ	ז	ג	א	ו	ו	י	ר	צ	ט
פ	פ	ף	מ	ג	ר	ה	פ	ם	ב	ל	ן	ו	ד
צ	ף	ה	ש	פ	ה	כ	נ	ה	ב	ף	פ	ק	ף
ה	ר	ף	ח	י	ו	ת	ת	ב	פ	כ	ר	ן	צ
כ	ק	מ	פ	י	נ	ג	מ	ד	ר	י	כ	י	ם
ט	ע	פ	ף	ם	צ	נ	י	ד	פ	ג	ע	פ	ס
ס	י	ם	ן	ד	כ	ב	ם	ש	צ	ב	פ	ר	ב
כ	י	פ	ע	ש	ס	ב	ט	ם	נ	צ	ס	א	פ
נ	ף	א	ק	ל	י	ם	כ	פ	ם	ת	ג	י	מ
ו	ט	כ	ב	ד	ת	ל	ן	ם	ד	ה	ה	ס	ם
ת	ב	י	ב	נ	ל	ן	ח	ה	ם	פ	א	ח	א
ט	ע	צ	י	ה	י	ת	ת	ע	ע	ש	ג	מ	נ
ש	צ	ף	ד	ה	ר	ם	ר	ר	צ	צ	ת	ר	כ
ל	ר	ח	ן	ת	ל	נ	ש	צ	ש	ס	ש	ס	ר

הר	נטייה
קמפינג	כבד
מדריכים	שמש
סכנות	אבנים
פסגה	מגפיים
מפה	חיות
אקלים	הכנה
צוק	מים
עייף	מזג אוויר
טבע	פראי

61 - Länder #2

ה	ה	כ	ש	ח	ם	ס	ל	ש	ד	נ	ג	נ	ב
ב	א	ו	ג	נ	ד	ה	א	ה	ל	מ	פ	פ	כ
ג	י	י	ה	צ	ט	ר	ו	ס	י	ה	ס	א	ל
ב	ר	ח	ט	ד	פ	ה	ס	ג	ב	ט	ם	ל	ח
א	ל	ב	נ	י	ה	כ	נ	ל	ר	ן	ש	א	ה
ו	נ	י	ג	ר	י	ה	פ	ת	י	צ	ט	ת	פ
ק	ד	נ	נ	ס	ט	ד	א	צ	ה	ע	ח	י	ת
ר	נ	פ	ג	ו	ו	מ	ק	ס	י	ק	ו	ו	ג
א	נ	ף	ב	ר	ל	ד	ם	כ	נ	ט	ד	פ	ם
י	א	פ	ק	י	ס	ט	ן	ם	ג	א	ה	י	ע
נ	נ	נ	ף	ה	פ	ף	ס	י	צ	נ	צ	ה	ף
ה	ש	ד	נ	ל	ד	ן	ה	ו	א	ף	צ	א	ח
ג	מ	י	י	ק	ה	א	ב	ו	ק	נ	י	ה	א
ר	ד	נ	ן	צ	ר	פ	ת	ן	ש	ר	ס	ל	ר

אלבניה
אתיופיה
צרפת
יוון
האיטי
אירלנד
ג'מייקה
יפן
קניה
לאוס

ליבריה
מקסיקו
נפאל
ניגריה
פקיסטן
רוסיה
סודן
סוריה
אוגנדה
אוקראינה

62 - Fahrzeuge

ר	כ	ב	ת	ת	ח	ת	י	ת	ם	ר	ק	ט	ה
מ	נ	ו	ע	ש	ס	ט	ח	ט	ש	פ	ש	ן	צ
ש	צ	צ	מ	י	ג	י	ם	ר	א	ס	י	ר	ה
א	ט	פ	ש	א	ר	ן	ש	ל	מ	ו	נ	י	ת
ב	ע	כ	א	ו	ע	א	ף	ף	ב	ד	ף	ף	ט
צ	ד	פ	י	ט	מ	ט	ו	ס	ו	ה	ע	צ	ח
ע	צ	ד	ת	ו	כ	ס	ש	פ	ל	ט	ת	ו	ת
ט	צ	ב	נ	ב	ו	ח	ו	ן	נ	ט	פ	ל	מ
ח	ר	א	ג	ו	נ	צ	ב	ק	ס	י	ה	ל	ע
ן	כ	ק	ח	ס	י	ע	צ	ר	ט	ח	י	ת	ב
צ	ב	ש	ט	צ	ת	ס	ג	ו	ד	ט	ם	ם	ו
ה	ת	ף	א	ו	ט	ב	א	ו	ף	ח	ל	נ	ר
ק	ט	נ	ו	ע	ר	א	נ	מ	א	ב	ר	ר	ת
ד	ם	ל	ח	ס	א	ן	ן	ן	ט	ל	ר	ש	פ

מנוע
רקטה
צמיגים
קטנוע
מונית
טרקטור
רכבת תחתית
צוללת
קרוואן
רכבת

מכונית
סירה
אוטובוס
אופניים
מעבורת
רפסודה
מטוס
מסוק
אמבולנס
משאית

63 - Badezimmer

פ	ק	י	ט	ו	ר	ת	ה	כ	ח	א	ב	כ	ח
ש	י	ר	ו	ת	י	ם	צ	מ	ס	ח	ו	ם	ע
ב	א	ש	ם	ל	ה	ב	מ	ע	ר	ה	ע	ן	ל
ס	פ	ו	ג	ה	ט	ס	כ	מ	ח	א	ו	ה	צ
ר	ב	ן	ן	פ	ט	ת	ר	ב	ם	ת	ת	ב	ג
ס	ג	ו	ש	ח	נ	ט	ש	מ	ף	ט	פ	ט	כ
ע	ם	ן	ן	ג	ף	נ	מ	נ	מ	ל	ן	ס	ע
א	מ	ב	ט	י	ה	ב	ו	ש	ם	ב	ר	ז	ש
מ	ק	ל	ח	ת	ט	ס	ל	ם	מ	מ	ר	א	ה
ט	ג	צ	כ	כ	ג	ס	ף	ס	צ	ת	צ	ד	ם
ף	ד	ב	ם	ש	ט	י	ח	כ	ש	ח	ן	ב	ן
פ	ח	מ	ת	מ	י	ם	צ	ט	ת	ת	צ	ר	ס
ל	צ	מ	ס	פ	ר	י	י	ם	ף	ח	ש	מ	א
א	פ	ר	ר	ו	ע	ה	ש	ע	ב	ד	ס	נ	נ

אמבטיה
בועות
קיטור
מקלחת
מגבת
קרם
בושם
מספריים

ספוג
סבון
שמפו
מראה
שטיח
שירותים
מים
ברז

64 - Musikinstrumente

מ	ד	ן	צ	פ	מ	נ	ם	ב	ג	ר	מ	ע	כ
נ	ש	ט	צ	מ	ת	מ	ת	נ	נ	ב	ח	ר	ש
ד	פ	ל	ע	ח	ט	ק	פ	ש	ב	ג	צ	ל	ט
ו	ר	ט	צ	ל	ו	ל	ט	ף	ל	י	ו	ע	א
ל	ת	ש	ב	י	נ	ו	ר	ן	ש	ט	צ	פ	ם
י	מ	ם	ר	ל	מ	ת	ו	ף	א	ר	ר	ט	ק
נ	ב	ע	ן	ס	ד	ת	מ	צ	נ	ה	ה	ד	ל
ה	ס	ף	ן	ק	ם	י	ב	מ	פ	ס	נ	ת	ר
ב	ה	ג	נ	ס	ע	פ	ו	ר	פ	מ	ש	צ	י
א	ב	ו	ב	ו	נ	ו	ן	י	כ	ו	ד	ר	נ
ח	ס	נ	ש	פ	ה	ף	ד	מ	מ	מ	ח	ל	ט
ס	ו	ג	ח	ו	ב	ח	פ	ב	ע	ד	ר	י	נ
ד	ן	כ	א	ן	ת	א	א	ה	ב	צ	ת	ט	ת
ת	ו	ף	מ	ר	י	ם	ח	פ	ל	כ	ב	ף	מ

פסנתר
מנדולינה
מרימבה
מפוחית
אבוב
טרומבון
סקסופון
תוף מרים
תוף
חצוצרה

בנג'ו
צ'לו
מקלות תיפוף
בסון
חליל
כינור
גיטרה
גונג
נבל
קלרינט

65 - Blumen

ט	ף	ג	ע	ד	ם	ש	ע	ף	צ	פ	ף	נ	נ
ג	ח	מ	נ	ר	א	ל	ב	נ	ד	ר	א	ד	ג
ב	ה	ש	ף	ד	פ	כ	י	ט	מ	ח	ר	ד	ם
ש	ש	ן	ה	א	ר	י	א	ל	ם	ל	ס	ג	נ
ה	ו	א	מ	ה	ג	מ	ד	מ	ך	נ	ש	ג	נ
י	ה	ש	פ	א	ה	ת	מ	מ	נ	ח	ט	ח	פ
ב	ף	ם	ן	מ	ג	נ	ו	ל	י	ה	ע	ש	ס
י	מ	ח	צ	ב	ע	ו	נ	י	ד	י	י	ז	י
ס	ח	ל	ב	ר	ש	ן	י	ו	ש	ס	ש	ר	פ
ק	ד	ג	ף	ל	פ	מ	ת	ר	ת	מ	ל	נ	ל
ו	ג	ר	ד	נ	י	ה	ת	ד	ת	י	ף	ם	ו
ס	ח	מ	נ	י	ת	נ	ל	ל	ן	ן	ן	נ	ר
ע	ל	י	כ	ו	ת	ר	ת	ת	ת	ר	ה	ע	ה
ג	נ	ג	ד	ר	ח	ת	ד	ס	ח	ן	ס	ם	ח

מגנוליה
פרג
סחלב
פסיפלורה
אדמונית
ורד
חמנית
זר
צבעוני

עלי כותרת
גרדניה
דייזי
היביסקוס
יסמין
תלתן
לבנדר
לילך
שושן
שן הארי

66 - Natur

ח	ד	ת	ט	ע	ס	ס	נ	ב	ג	מ	א	ח	ם
ח	ן	א	ל	ר	ע	ר	ל	ס	ב	ט	ר	ש	ג
ה	י	א	ס	ן	פ	צ	נ	ב	צ	מ	ק	ל	ט
פ	ר	ו	ד	י	נ	מ	י	ב	ח	ה	ט	י	מ
ת	ר	ג	נ	ר	מ	ט	ר	מ	י	נ	י	ו	ד
ש	פ	א	ל	י	ס	ן	ד	ב	ו	ר	י	ם	ד
ח	א	ל	י	ש	ל	ו	ו	ה	ת	ה	ר	י	ם
י	ח	ש	ו	ל	ט	ט	ע	ָ	ל	.	י	ם	ק
ק	ע	ר	פ	ל	ר	צ	נ	ר	ש	פ	ת	נ	ר
ה	ח	ר	י	נ	ו	ע	נ	ן	צ	ג	נ	פ	ח
ס	מ	ט	ף	ה	פ	ב	י	מ	ד	ב	ר	ע	ו
ת	ד	ע	צ	ר	י	א	ם	ט	צ	נ	ג	צ	ן
ה	ת	ט	ר	ח	ר	ט	ם	ר	ע	ד	ם	ת	ד
ן	ן	ס	ס	ס	ג	ח	ל	ן	ב	ף	מ	ט	ד

חיוני
ערפל
יופי
מקלט
חיות
טרופי
יער
פראי
עננים
מדבר

ארקטי
הרים
דבורים
דינמי
שחיקה
נהר
שליו
קרחון
שלווה
עָלים

67 - Urlaub #2

א	ח	ת	ח	ט	ף	ש	ב	ג	ג	מ	ט	צ	ף
ר	ו	א	ד	ת	ד	ב	מ	ב	א	מ	מ	ה	ם
צ	ה	ה	ר	י	ם	צ	ס	ף	ח	ז	ר	ש	א
מ	ר	ש	ל	א	מ	ס	ע	ה	ל	ת	ס	ד	ף
י	ע	ד	ו	י	ז	ה	ד	ח	ח	ף	מ	ה	ף
ל	ע	ר	כ	ב	ת	צ	ה	ת	ח	א	פ	ת	מ
ת	ן	כ	ם	ב	א	ף	ק	י	ם	נ	ה	ע	ל
ת	מ	ו	ע	ג	ח	ן	ד	מ	ל	ו	ן	ו	כ
ת	ה	ן	ב	ע	א	ף	ם	ו	פ	א	ף	פ	נ
ט	ח	ג	מ	מ	ג	ש	פ	נ	א	י	ף	ה	נ
ת	ו	ב	ד	א	נ	א	ם	י	ח	ף	נ	ה	ס
ע	ף	ם	ו	ט	ד	ג	ר	ת	נ	ד	ש	ג	א
נ	ש	ף	מ	ר	כ	ט	ה	ל	נ	ט	ב	כ	ת
ב	ב	ן	ת	א	ה	ל	ט	ן	ף	ח	ש	ב	ף

זר	מסע
הרים	מסעדה
קמפינג	חוף
שדה תעופה	מונית
פנאי	תחבורה
מלון	חג
אי	ויזה
מפה	אוהל
ים	יעד
דרכון	רכבת

68 - Zirkus

ד	ר	ד	ף	א	ם	ם	ש	נ	נ	ס	ל	ה	ד
ף	ם	ע	ר	א	מ	ג	ט	ס	ר	ל	ה	מ	א
ת	ה	א	ם	ט	ט	א	ו	ה	ל	ע	ט	ס	א
ם	ח	ה	נ	ש	צ	ר	ח	ה	צ	ן	ו	ש	ק
מ	צ	ע	ד	ש	ח	י	י	ש	ו	ם	ט	ה	ר
ר	ק	נ	ר	ר	ש	ה	ו	ק	ה	פ	ן	כ	ו
ה	ס	ח	מ	נ	ן	פ	ת	ד	ג	ת	ע	ד	ב
א	ם	צ	כ	פ	ס	ג	ח	נ	ט	ט	נ	ה	ט
ש	ה	ד	ת	ג	י	ן	פ	כ	כ	מ	מ	פ	צ
ל	י	צ	ן	ת	ע	ל	ו	ר	ו	מ	ר	ם	ה
ב	ל	ו	נ	י	ם	נ	ש	ף	צ	ז	מ	פ	צ
צ	נ	א	א	פ	ת	ט	ת	מ	ו	י	כ	פ	פ
ש	ש	ף	פ	ב	נ	ר	א	ן	פ	ק	ו	ף	מ
ף	ם	ל	ע	מ	נ	ל	ע	ש	ה	ה	ר	פ	ט

קוף
אקרובט
בלונים
ליצן
פיל
להטוטן
תחפושת
אריה
קסם

מוזיקה
מצעד
חיות
נמר
טריק
הופעה
אוהל
צופה

69 - Barbecues

ש	ט	ה	א	מ	ס	מ	ף	ע	ג	ר	צ	ט	צ
ש	מ	ש	ט	ת	ט	פ	ו	מ	ס	ו	ש	מ	ם
ר	ש	ד	ב	ר	נ	א	ש	ז	כ	ט	פ	ש	י
ג	ח	צ	ס	ן	ג	ר	י	ל	י	ב	ס	פ	ר
מ	ק	ן	נ	ע	ה	ו	ב	ג	נ	ק	ת	ח	ק
ל	י	א	ל	ד	ח	ח	ם	ו	י	י	ה	ה	ו
ח	ם	מ	ה	א	ש	ת	ט	ת	ם	ץ	ש	פ	ת
ב	ב	ת	כ	א	ם	צ	ע	פ	ג	ע	מ	ש	ס
ח	מ	א	ע	ס	ל	ה	ג	ו	כ	ה	מ	ש	ד
א	ר	ו	ח	ת	ע	ר	ב	פ	ף	כ	ל	ן	ר
ל	ע	ס	ם	צ	ה	י	י	ל	י	ג	ב	ב	ש
ה	ב	ג	ש	ע	ל	י	ש	פ	ס	ר	ף	ס	מ
י	ל	ד	י	ם	ס	ם	ו	ל	ה	ן	ו	ג	ש
כ	א	ע	ח	ם	ג	ס	ל	ט	י	ם	ש	ת	פ

בישול
סכינים
ארוחת צהריים
מוזיקה
פלפל
סלטים
מלח
קיץ
רוטב
משחקים

ארוחת ערב
משפחה
פירות
מזלגות
ירקות
גריל
חם
עוף
רעב
ילדים

70 - Küche

מ	ס	ט	ח	ר	מ	ר	ת	ם	ס	ג	מ	ן	ב
ת	ם	ע	ח	ש	ה	ר	ע	נ	ב	ע	פ	מ	כ
ת	ל	א	ף	א	ק	ו	מ	ק	ו	ם	י	ת	ת
מ	ז	ל	ג	ו	ת	ם	ן	ח	מ	ר	ת	כ	ח
מ	ק	ל	ו	ת	א	ב	י	ל	ה	צ	ט	ו	ד
ז	ע	ל	צ	ל	צ	ף	ת	כ	פ	צ	ק	ן	כ
ו	ר	ג	מ	ם	ל	ס	כ	י	נ	י	ם	ת	ח
ן	ה	ע	נ	ס	פ	ס	פ	ו	ג	ב	ל	ה	ש
מ	ק	פ	י	א	ד	ס	י	כ	מ	ר	ס	ד	ת
ת	ב	ל	י	נ	י	ם	ו	ש	ו	ע	י	ג	ס
ה	ל	ב	ט	כ	ד	ר	ת	ס	ס	ה	ע	ל	י
ם	ם	ט	נ	ג	ר	כ	ש	ו	א	ט	כ	ד	נ
ש	ס	ה	ן	מ	ש	ב	ן	ת	נ	ף	צ	מ	ר
ה	פ	ט	מ	ק	ר	ר	ד	ת	צ	ש	ם	כ	ל

מזון
מקלות אכילה
מזלגות
מקפיא
תבלינים
גריל
מצקת
כד
מקרר
כפיות

סכינים
תנור
מתכון
סינר
קערה
ספוג
מפית
כוסות
קומקום

71 - Schach

ד	א	ת	פ	ר	א	ל	ף	ב	ט	פ	ם	נ	ע
צ	ע	ל	ל	כ	כ	ל	ע	ע	ף	ן	ר	נ	ל
מ	ג	כ	ן	מ	ל	מ	ן	ו	ס	כ	ל	א	מ
ב	פ	ט	ש	ל	ל	ו	ם	מ	נ	ב	ם	ל	ר
ח	צ	א	ה	ב	י	ד	ק	ח	ש	מ	ך	ו	ט
ל	ה	ס	ע	ה	ם	ת	ו	ד	ו	ק	נ	ף	ס
ח	ל	ט	ב	ל	ס	ח	ע	ן	ד	ל	ט	ל	ט
נ	ג	ר	ו	ח	ש	ר	פ	נ	ח	ה	פ	ו	ת
ע	ם	ט	ש	ח	ח	ו	ן	ב	ל	ה	ר	ג	מ
ה	ח	ג	א	פ	ק	ת	נ	כ	ח	נ	ם	ג	ה
י	ב	י	ס	פ	ן	ב	י	ר	י	ט	ע	ק	ד
ן	ר	ה	ס	ס	ל	כ	ן	ר	ל	ה	ר	ס	ב
ס	ד	ת	ם	צ	מ	צ	ן	מ	ז	ב	ד	ש	ש
מ	מ	ל	ף	ה	ן	ח	ס	א	ה	א	ת	ט	ם

אלוף
אלכסון
יריב
מלך
מלכה
ללמוד
הקרבה
פסיבי
נקודות

כללים
שחור
משחק
שחקן
אסטרטגיה
טורניר
לבן
תחרות
זמן

72 - Geographie

צ	א	י	מ	ד	י	נ	ה	מ	י	ס	פ	ר	ה
פ	ז	ו	ב	ר	ם	כ	ט	א	ב	צ	ן	י	ס
ו	ו	ד	ק	ה	י	ה	ר	ה	ע	ש	ד	ב	ל
ן	ר	א	ו	י	ה	ד	ט	ד	ו	ן	ף	ש	כ
ג	ב	ת	ר	ף	י	ר	י	א	ל	פ	ן	ת	ל
א	ס	א	ו	פ	מ	נ	א	א	ם	ד	ג	ה	כ
ב	ע	נ	ח	ק	ש	ס	ו	ה	ן	ס	ל	ם	כ
מ	ר	ם	ב	ו	א	ט	ל	ס	ף	ח	ס	מ	ש
ע	ש	א	ש	ה	ר	ם	ח	ל	מ	ע	ר	ב	א
י	ף	ד	ל	מ	ד	ס	פ	ס	כ	ת	מ	ע	א
ר	מ	פ	פ	ש	ט	ל	מ	ן	ד	ד	ט	ט	ב
צ	פ	ת	פ	ו	ס	ב	צ	צ	ל	מ	ב	צ	ב
נ	ה	ר	צ	ו	ן	ד	ט	כ	ר	צ	כ	ן	ד
ג	ו	ב	ה	ה	א	מ	ד	צ	ר	ר	ח	ל	ד

יבשת
מדינה
ים
מרידיאן
צפון
אוקיינוס
אזור
עיר
עולם
מערב

אטלס
קו המשווה
הר
קו רוחב
נהר
שטח
המיספרה
גובה
אי
מפה

73 - Zahlen

ע	ש	ר	ה	ח	כ	ש	ח	א	צ	ד	ש	ת	ח
ש	ש	מ	ו	נ	ה	ל	מ	ר	מ	ח	מ	ש	ס
ר	ב	ר	ע	ע	ד	ו	י	ב	ט	נ	ו	ע	ש
ו	ע	ר	י	ר	ע	ש	ש	ע	א	ת	נ	ע	נ
נ	מ	ג	ר	ם	כ	ע	ה	ס	כ	ב	ה	ש	י
י	ח	ג	ס	נ	ב	ש	ע	ן	ס	ר	ע	ר	ם
א	פ	ס	ר	ש	ג	ר	ש	ש	ש	ח	ש	ה	ע
ב	ן	ח	פ	ל	צ	ה	ר	ל	ש	ל	ר	ת	ש
ג	ר	מ	ש	ת	י	י	ם	ס	ט	ע	ו	נ	ר
כ	ג	ש	ת	ש	ע	פ	ב	ף	פ	ל	ש	ש	ש
ר	ש	פ	א	ר	ב	ע	ה	ע	ש	ר	ב	ר	ן
ח	ת	ג	ח	ה	ב	ן	פ	ה	ד	ה	מ	ת	ה
ש	ב	ע	ע	ש	ר	ה	ד	ה	ם	ת	ש	ן	כ
ח	ן	ש	ן	ף	ה	ג	א	ן	נ	ג	ם	ל	ר

שש
שש עשרה
שבע
שבע עשרה
ארבע
ארבעה עשר
עשר
עשרים
שתיים
שנים עשר
שמונה
שמונה עשר
עשרוני
שלוש
שלוש עשרה
חמש
חמישה עשר
תשע
תשע עשרה
אפס

74 - Kunst Liefert

ע	ל	ס	ד	א	ת	ו	י	ת	ר	י	צ	י	א
פ	ת	ן	ת	ם	ף	ב	ר	ג	ר	נ	נ	ק	ת
ר	ר	נ	ד	נ	ד	כ	ס	מ	ף	כ	ר	כ	ע
ו	ע	א	ט	נ	ט	כ	ק	ח	מ	י	ע	מ	מ
נ	ת	ף	נ	ב	ח	ל	ד	כ	ל	ס	י	ם	ר
ו	פ	ל	ל	ט	ר	ח	ת	י	ג	א	ו	ת	ח
ת	ח	ה	ף	ר	ס	ל	ק	כ	ם	נ	נ	פ	מ
ד	ם	ת	ע	צ	ת	ע	ב	ס	ד	ש	ו	פ	ב
ם	י	מ	מ	ם	ה	כ	ח	פ	צ	ש	ת	כ	ר
ל	ש	צ	ח	ה	ף	ו	י	ד	ה	צ	ן	ן	ש
ג	נ	ל	ש	מ	נ	ת	ב	ם	י	ע	ב	צ	ו
ב	ג	מ	מ	ף	י	ק	ב	ם	ש	ה	ם	י	ת
ן	ה	ה	ל	ב	י	פ	ח	ל	מ	ע	צ	ו	פ
ב	ר	נ	ת	ח	ר	ש	ל	ח	ן	ס	ט	ר	נ

אקריליק
עפרונות
מברשות
צבעים
פחם
רעיונות
מצלמה
יצירתיות
דבק

שמן
נייר
מחק
כן ציור
כיסא
טבלה
דיו
חרס
מים

75 - Tage und Monate

י	א	ו	ג	ו	ס	ט	ל	ל	כ	צ	פ	ם	ד
ו	נ	י	ת	ס	פ	ב	ר	ו	א	ר	פ	ע	ס
ם	ע	ו	ע	ד	ט	כ	ל	ג	ח	ף	ס	ל	י
ש	נ	ם	ת	ב	מ	ב	ג	ן	ו	ש	נ	ד	ו
נ	ד	ר	כ	י	ב	ן	ל	ג	ד	ד	נ	ל	ם
י	ס	א	ד	ו	ר	ף	ה	ת	ש	צ	נ	ה	ר
ו	י	ש	ח	ל	א	ו	ק	ט	ו	ב	ר	ר	ב
ם	ו	ו	ע	י	ו	ם	ש	ל	י	ש	י	ל	י
ש	ם	ן	נ	י	נ	ו	א	ר	מ	ב	ו	ן	ע
ב	ח	ש	צ	י	ל	ו	נ	ת	נ	ו	ם	צ	י
ת	מ	ר	ב	ל	ר	צ	ב	פ	ש	ע	ש	ג	ד
ג	י	ן	ש	נ	ה	ן	ד	מ	א	ש	י	ש	ר
ד	ש	ן	נ	ף	כ	ד	צ	מ	ב	ר	ש	ד	צ
מ	י	כ	כ	ף	ם	ר	כ	ף	פ	ר	י	ם	ן

אוגוסט
דצמבר
יום שלישי
יום חמישי
פברואר
יום שישי
שנה
ינואר
יולי
יוני

לוח שנה
יום רביעי
חודש
יום שני
נובמבר
אוקטובר
יום שבת
ספטמבר
יום ראשון
שבוע

76 - Piraten

י	כ	ו	ת	ו	ו	צ	צ	מ	ף	ה	פ	מ	ס
נ	ב	ר	א	א	ל	ע	מ	ט	ג	ג	ס	ע	ר
ט	ת	ח	ע	ק	א	צ	ג	ב	ף	ס	כ	ר	ו
ג	ת	א	ת	ן	ט	פ	ק	ע	ט	פ	נ	ה	ם
ת	ר	ן	כ	ג	ף	ו	ח	ו	ש	ב	ה	ז	ת
מ	ג	ה	ק	ת	פ	ר	ה	ת	ג	פ	ח	ב	נ
ע	ע	ן	א	ת	ב	ף	ל	ג	ד	ן	ג	ו	ע
פ	ל	ר	מ	צ	נ	פ	ת	כ	פ	ם	ר	צ	נ
ת	ט	ח	י	א	פ	ח	ל	ד	ש	ף	ל	א	ע
א	נ	ג	ו	פ	מ	ל	ר	ע	ד	ש	ת	א	ט
ג	נ	צ	ת	ח	צ	א	ל	פ	ל	מ	מ	א	ח
ד	ר	ס	ן	ט	פ	ח	ב	ד	ל	כ	פ	כ	ל
ה	מ	ן	ף	פ	ן	פ	ת	נ	ח	צ	ן	ן	צ
ד	ח	ג	כ	פ	ת	ת	ב	ש	ף	ר	ה	כ	כ

מצפן
אגדה
מטבעות
צלקת
תוכי
רום
אוצר
רע
חרב
חוף

הרפתקה
עוגן
צוות
דגל
סכנה
זהב
מערה
אי
קפטן
מפה

77 - Emotionen

ש	ל	ו	ו	ה	ר	ל	כ	ט	ר	ו	ך	פ	ש
ת	ה	ד	ש	א	ע	ת	ו	כ	ן	ג	ס	ף	ת
ש	ס	כ	נ	ל	צ	ש	ן	ע	ס	ל	ו	כ	ט
ע	ע	צ	ב	ש	ו	א	ה	ד	ה	ע	נ	ע	ת
מ	ג	ר	ג	ב	ב	ם	ד	ג	נ	ט	א	ס	ד
ו	צ	ת	מ	ה	ה	ט	ר	ח	נ	מ	מ	ב	ב
ם	ן	ם	ר	א	מ	ר	ו	צ	ה	פ	ן	מ	ף
ג	ף	ע	ת	ת	ל	ב	ה	פ	ת	ע	ה	ש	א
א	ס	י	ר	ת	ו	ד	ה	ח	ס	ד	צ	מ	ש
נ	ם	ט	נ	א	ט	ש	ס	ד	נ	כ	ן	ח	ף
מ	ר	א	ף	ה	ף	ל	א	ה	ב	מ	נ	ה	ת
ס	נ	ג	ע	ב	מ	ש	כ	ת	ו	ל	מ	נ	ם
ה	מ	א	ש	ה	ש	ד	ל	ח	ך	ף	ל	כ	ף
נ	ן	פ	ד	ג	פ	ף	ם	ן	ב	ם	נ	ף	ר

פחד
נרגש
נבוך
אסיר תודה
רגוע
שמחה
חסד
שלום
תוכן

שעמום
אהבה
שלווה
אהדה
עצב
הפתעה
כעס
רוך
מרוצה

78 - Zu Füllen

ל	ס	צ	ח	ם	מ	ה	ד	ק	ג	ר	ל	ר	מ
פ	ת	ל	נ	ע	ן	ז	פ	ר	מ	כ	ע	ח	ג
ת	ל	ט	ח	צ	ר	ה	ו	ט	ב	ט	כ	ד	ח
ל	כ	ל	ס	פ	נ	ף	ע	ו	ה	ג	ל	ת	ה
ב	ק	ב	ו	ק	ט	ת	ש	ן	ד	ן	ת	ר	מ
א	ג	ר	ט	ל	ן	ל	ף	ר	ף	ה	י	ט	ם
כ	ס	ן	ת	ס	א	ג	ס	צ	ח	ח	ב	י	ת
ה	פ	ח	ף	ס	ף	מ	ת	י	ק	י	ה	א	א
ת	י	ק	מ	ג	י	ר	ה	נ	א	ח	ר	ר	מ
פ	ן	ף	פ	ג	ס	ל	ש	ו	ג	ע	ם	ג	פ
מ	ע	ט	פ	ה	ש	ה	ש	ר	ן	נ	ת	ז	ם
ה	ר	ת	ד	ל	י	מ	ס	כ	ס	ט	ג	ט	ה
ד	ל	ה	ר	ט	ס	כ	ם	ח	ש	ם	ט	ס	ן
ש	צ	ן	ג	כ	פ	ל	ס	ב	ד	כ	צ	ף	ד

אגן
תיבה
דלי
חבית
בקבוק
קרטון
ארגז
מזוודה
סל

צנצנת
תיקיה
צינור
מגירה
מגש
תיק
מעטפה
אגרטל

79 - Surfen

ק	ה	ל	א	ק	כ	מ	א	ב	ח	מ	ג	ל	פ
י	פ	מ	ו	ח	י	ג	ה	א	ב	ו	ס	ש	ו
ב	כ	ז	ק	צ	ף	צ	ש	י	ם	ה	ף	ח	פ
ה	ו	ג	י	צ	ל	א	ו	נ	ר	ף	ש	ו	ו
ה	ח	א	י	ח	ן	ף	נ	נ	א	ו	מ	ת	ל
ד	מ	ו	נ	ח	ס	ע	י	כ	י	ל	ת	ה	ר
ן	צ	ו	ו	ה	ג	ס	ת	ת	ף	ע	ח	ס	י
מ	ת	י	ס	ד	ר	ת	מ	א	ה	כ	י	פ	ף
ל	ת	ר	כ	ט	ר	ל	ר	פ	ב	א	ל	ו	ף
פ	ה	ן	מ	ף	ה	א	ף	ד	א	צ	ד	ר	ע
פ	ד	מ	א	מ	ח	ג	ג	ן	נ	ה	ע	ט	ר
ב	ב	ב	א	נ	ב	ס	מ	ף	ח	כ	ב	א	ש
ב	ם	נ	ב	ב	ם	א	פ	ל	ף	ש	ב	י	ב
ן	ם	ס	ג	נ	ו	ן	ח	נ	ת	ר	ת	ש	א

שונית
קצף
לשחות
כיף
כוח
סגנון
חוף
גל
מזג אוויר

מתחיל
ספורטאי
פופולרי
אלוף
קיצוני
מהירות
קיבה
קהל
אוקיינוס

80 - Möbel

צ	ל	צ	ע	ף	ן	ה	ע	א	ר	ן	נ	פ	פ
ף	ל	מ	א	ח	ם	ר	ל	ג	א	ן	ע	ע	ע
צ	א	ח	ת	ש	ם	ש	ה	ם	א	ש	א	ר	ס
צ	ט	מ	נ	ח	מ	י	ם	ע	פ	ם	נ	כ	כ
ף	ן	נ	ד	ן	ט	ג	ן	צ	ר	ר	ע	ב	ם
ר	מ	ו	ס	פ	ה	ף	ן	פ	כ	ו	ר	ס	ה
ד	ם	ר	ג	כ	י	ס	א	ו	ה	י	ס	פ	ד
א	ט	ה	ס	ת	ר	ם	א	ט	נ	ל	ל	ס	ד
ש	ט	י	ח	כ	ר	י	ת	ו	ה	ו	ם	ל	ר
ט	י	ד	ר	כ	ס	א	צ	ן	ה	נ	ס	ש	ג
ל	מ	ד	מ	ר	א	ה	ח	ט	פ	ו	ם	ס	פ
ב	ז	ר	ה	י	ר	ס	ב	ע	מ	ת	ס	ש	א
ס	ר	א	נ	ף	ט	ח	ד	ב	ט	ס	כ	ס	ל
ס	ן	ב	כ	ף	ל	ה	ח	מ	ה	ג	ט	ה	כ

ספסל
מיטה
מנחמים
ספה
פוטון
ערסל
כרית
שידה

מנורה
מזרן
מדפים
כורסה
מראה
כיסא
שטיח
וילונות

81 - Kräuterkunde

מ ר ר ס ם ט ם ס פ ע ה ת ר ב
ר ש ף ל ף י צ פ ת ו כ י א ס
כ ל י ע ו מ צ כ ט כ ח ר ש ף
י כ ן ש מ י ט ל פ ן ם ו ש ג
ב מ א פ נ ן ג ט ף ר ט ק ש ש
פ ח ל ם ג ן ר מ פ ם ע ה ו מ
ט ד ב ח ת ז ם י נ ט ם ם מ י
ר ל נ ן ל ע ע ו ש ם ת ה ן ר
ו פ ד ש ן פ נ ר מ ת ח מ ד ש
ז ב ר מ נ ר ת ן ח ר פ ל ו ד
י פ ה ן א ן ט א צ ף ל מ א ם
ל ן ו ג ר ט ן ג ל ס ר ג ע ב
י י ט מ ו ר א ן י ר מ ז ו ר
ה י ר נ י ל ו ק ח כ צ ב ב נ

ארומטי
ריחן
פרח
שמיר
טרגון
שומר
גן
טעם
ירוק
שום

קולינרי
לבנדר
מיורן
פטרוזיליה
איכות
רוזמרין
זעפרן
טימין
מועיל
מרכיב

82 - Tugenden #1

ס	מ	כ	ע	ד	ט	ל	ם	ס	ס	פ	ש	ט	מ
ד	כ	כ	ח	צ	ר	ד	כ	ב	ר	ד	פ	מ	ד
ב	ר	ד	ס	נ	מ	ד	נ	ל	מ	צ	ח	י	ק
ת	י	ל	מ	ו	ע	א	ד	נ	ח	ם	כ	ש	ד
ד	ע	ם	ם	ע	ש	ג	י	י	א	מ	ם	ד	ב
ל	כ	ד	ת	ג	י	ב	ב	כ	מ	ק	ס	י	ם
צ	פ	ף	ג	א	מ	נ	ו	ת	י	ם	ה	ד	ל
ר	ש	פ	ב	ט	ו	ב	ד	כ	ן	ט	צ	ף	ל
ב	ט	ו	ח	ש	ע	פ	ב	ף	ח	נ	נ	ט	ש
ב	ם	פ	ן	נ	י	ף	פ	ג	ע	מ	ג	פ	מ
ף	ה	ר	ל	ג	ל	ג	פ	ה	ר	ס	ח	ד	ע
ם	ס	ד	ס	ר	ן	ע	ס	נ	ט	ח	ק	א	ג
צ	ן	ב	כ	ת	ם	ח	ם	ל	ק	ה	פ	ר	ד
י	ע	י	ל	ש	ד	ב	ף	ט	ת	י	ש	פ	ן

צנוע
מקסים
יעיל
מכריע
סבלני
נדיב
טוב
מועיל
מצחיק

אמנותי
סקרן
מעשי
נקי
עצמאי
חכם
אמין
בטוח

83 - Aktivitäten und Freizeit

ה	כ	ב	ה	ש	ח	ס	א	ם	י	ל	ו	י	ט
ן	ד	ט	מ	ע	ש	י	ג	ל	ד	ף	ל	ו	ג
ן	ו	נ	י	ג	ג	ם	ן	צ	י	ס	ג	כ	ג
ק	ר	י	ר	ר	מ	מ	צ	ש	ג	ת	ג	ב	ט
נ	ס	ס	ו	נ	ן	ף	ט	ר	ד	ל	ד	ס	ם
י	ל	ף	ץ	ש	ש	ן	ת	ל	י	מ	צ	ע	מ
ו	ל	ת	ס	ד	ע	ש	פ	ש	ב	א	ם	ר	ר
ת	כ	נ	מ	ה	צ	נ	ה	י	נ	ש	ב	ה	ג
ש	ט	נ	נ	א	ה	ל	י	ל	צ	ח	ן	ד	י
ג	נ	י	פ	מ	ק	ס	ש	ע	י	י	מ	נ	ע
ל	ת	ן	ל	נ	ב	נ	ד	ר	ו	י	פ	כ	ש
ד	ף	ע	ר	ו	ד	כ	ם	מ	ר	ה	ם	פ	צ
ס	צ	ף	ל	ת	צ	ף	צ	ת	ו	ע	י	ס	נ
א	ם	א	ל	ל	ג	ר	ו	ד	כ	ס	פ	מ	ב

דיג
בייסבול
כדורסל
איגרוף
קמפינג
קניות
מרגיע
כדורגל
גינון
ציור

גולף
אמנות
נסיעות
מירוץ
שחייה
גלישה
צלילה
טניס
כדורעף
טיולים

84 - Formen

ל	ה	מ	ל	ב	ן	ד	ן	ב	ם	פ	כ	ף	ר
ר	כ	צ	ן	ף	ס	פ	ת	ה	ד	י	י	ר	א
מ	ר	ו	א	ה	ל	ש	ש	ב	ש	ר	כ	נ	ר
ק	ו	ל	פ	ח	ן	ם	ב	ד	א	מ	ר	ן	ה
פ	א	ע	ר	ה	א	כ	ט	ג	ל	י	ל	ט	י
ח	נ	ן	ב	ט	כ	ת	ר	פ	מ	ד	ח	פ	פ
פ	ר	י	ז	מ	ה	ה	ת	ג	ן	ה	ר	פ	ר
ר	ס	ף	נ	ע	ש	ב	א	ן	ח	ד	ב	ע	ב
ט	ב	ף	ח	ג	ר	ו	ב	ר	ת	ח	ד	כ	ו
ח	א	ע	ה	ל	ם	א	ל	י	פ	ס	ה	ם	ל
ס	ר	ק	צ	ו	ו	ת	ה	ש	ר	ס	ל	ש	ה
פ	ק	ו	ב	י	י	ה	ס	ג	ל	ג	ל	ה	ת
ס	ט	מ	ט	ר	ג	ג	מ	ת	ק	ש	ת	ף	מ
נ	מ	ה	ג	ם	ר	פ	מ	ף	ד	ן	צ	ד	א

קשת
משולש
פינה
אליפסה
היפרבולה
קצוות
חרוט
מעגל
עקומה
קו

סגלגל
מצולע
פריזמה
פירמידה
כיכר
מלבן
צד
קובייה
גליל

85 - Adjektive #2

ן	ט	מ	ב	ר	מ	ב	כ	ב	ן	צ	י	פ	ש
א	ם	ר	ג	י	ל	כ	פ	ר	א	י	צ	ר	ר
ו	ר	ג	י	א	כ	י	ל	י	ע	ה	י	ו	ת
ת	י	א	ו	ר	י	ש	מ	א	נ	ב	ר	ד	כ
נ	א	א	ח	ר	א	י	ש	ל	ר	א	ת	ו	צ
ט	מ	ג	ד	פ	ן	ב	ח	ג	ה	ב	י	ק	ט
י	פ	ע	ש	כ	א	ף	א	נ	ש	ת	ס	ט	ג
ד	ו	ח	ת	ם	ע	ט	צ	ט	ר	ע	כ	י	א
ע	ר	פ	נ	ט	ב	ע	י	י	ח	ש	ס	ב	ה
ח	ס	מ	ע	נ	י	י	ן	א	פ	ס	ח	י	ב
ג	ם	ל	ט	ש	ש	ג	ט	ף	מ	ל	ז	ח	ע
ש	ל	ו	ף	י	ג	א	ה	ת	ן	ן	ק	ד	מ
ר	צ	ח	ת	ב	צ	ן	ט	ס	צ	ע	ע	ב	ן
ס	א	ם	ס	ל	א	ב	ע	ר	ס	ר	ט	פ	ה

אותנטי
מפורסם
תיאורי
דרמטי
אלגנטי
אכיל
טרי
בריא
רעב
מעניין

יצירתי
טבעי
חדש
רגיל
פרודוקטיבי
מלוח
חזק
גאה
אחראי
פראי

86 - Kleidung

ר	ם	ס	ח	ג	ף	ס	נ	ד	ל	י	ם	ה	פ
ס	ג	ת	ד	ב	א	ש	מ	ע	י	ל	ג	ש	א
ר	פ	ה	ד	נ	ם	כ	ף	ף	ל	ע	ם	ע	נ
ד	מ	ף	ם	ה	ס	ם	ש	מ	ל	ה	ד	ף	ף
ל	ף	ס	ב	צ	ן	ן	א	ד	ש	ט	נ	ה	ס
צ	ה	מ	ל	ג	ר	ב	י	י	ם	ר	ף	ג	ר
ש	צ	צ	מ	י	ד	כ	פ	פ	ו	ת	פ	ח	ג
ר	ב	ן	כ	נ	מ	א	ח	ו	ל	צ	ה	ב	ס
ש	צ	ר	נ	ס	י	נ	ר	פ	ס	נ	ד	ח	ה
ר	ט	ע	ס	ם	פ	נ	נ	א	ו	ש	ת	צ	כ
ת	כ	ש	י	ט	י	ם	כ	כ	ו	ב	ע	א	נ
צ	ל	ס	י	ף	ג	ף	ח	ש	ד	פ	מ	י	פ
ח	ט	ת	ם	ס	מ	ח	ג	ו	ר	ה	נ	ת	ג
כ	ט	ף	נ	ל	ה	ם	ס	ס	ר	ש	נ	ה	פ

אופנה
סוודר
חצאית
סנדלים
צעיף
פיג'מה
תכשיטים
נעל
סינר
גרביים

צמיד
חגורה
שרשרת
כפפות
חולצה
מכנסיים
כובע
ג'ינס
שמלה
מעיל

87 - Sommer

נ	מ	ו	ז	י	ק	ה	פ	ש	ע	א	ד	מ	כ
ס	ז	צ	ד	ר	צ	ש	נ	מ	ס	ג	ף	ש	ו
י	ו	ס	צ	ב	ס	ל	א	ח	ל	מ	ג	פ	כ
ע	ן	ס	נ	ה	ר	פ	י	ה	ם	ש	פ	ח	ב
ו	ח	פ	צ	ד	פ	כ	מ	ל	צ	ח	ח	ה	י
ת	ו	ר	ע	ף	ל	ח	ם	ט	ה	ק	ג	ו	ם
ב	פ	י	א	ג	ת	י	ה	ף	ח	י	פ	ח	ת
ל	ש	ם	ה	ס	ל	ג	ם	ם	ו	ם	ס	ן	ח
ב	ה	ף	ט	ם	ת	ן	מ	ט	ף	ה	ן	ג	ן
מ	פ	א	ס	ת	ט	ע	ם	א	פ	צ	א	ב	צ
ם	ד	ש	ף	ס	מ	כ	ף	ר	ג	ן	ן	ף	ש
ן	ן	ל	י	ם	ר	ף	נ	צ	ח	ם	כ	ן	ג
ח	ב	ר	י	ם	נ	פ	ה	ן	צ	א	פ	ף	פ
ק	מ	פ	י	נ	ג	ח	ל	מ	ס	מ	נ	מ	ח

ספרים
קמפינג
הרפיה
מזון
משפחה
פנאי
שמחה
חברים
גן
ים

מוזיקה
נסיעות
סנדלים
לשחות
משחקים
כוכבים
חוף
צלילה
חופשה

88 - Farben

ו	ר	ו	ד	י	ר	ו	ק	כ	ח	ו	ל	פ	ף
ד	י	ד	ת	ס	ש	ש	ל	ת	ח	ו	מ	ו	ס
ד	מ	ו	כ	נ	פ	ח	ס	ו	א	ש	ם	ק	ג
נ	ש	ע	ל	ב	ן	י	צ	ם	ד	ע	ר	ס	ו
צ	ל	ג	ת	ט	ד	ט	ה	ח	ו	ד	ס	י	ל
ט	ע	ט	א	ן	ש	ח	ו	ר	ם	א	ם	ה	ת
מ	ת	ס	צ	א	ע	ב	ב	ר	כ	ת	צ	א	מ
ש	ט	מ	ם	ד	ן	כ	ת	ם	פ	ט	ף	פ	ע
נ	ס	ל	ן	ן	ד	מ	מ	ה	ע	א	מ	ו	מ
ב	ט	מ	ב	ע	ש	ט	ר	נ	פ	ס	ל	ר	א
ב	ף	ב	כ	א	מ	ר	ס	ט	ת	מ	ט	ש	ר
ן	ח	ח	פ	מ	ן	ט	א	ג	צ	ן	ב	ן	ג
ף	מ	מ	ם	פ	צ	נ	ח	ט	ש	ג	ם	ף	מ
ב	ז	צ	ע	ר	ה	ן	ד	א	ר	ג	ף	ת	ן

ארגמן
כתום
ורוד
אדום
שחור
ספיה
ויולט
לבן

תכלת
בז'
כחול
חום
פוקסיה
צהוב
אפור
ירוק
סגול

89 - Haus

ם	צ	ה	ג	ם	ם	ח	מ	א	ט	א	ט	מ	א
ן	ו	ל	ח	מ	ק	ד	נ	ה	א	ר	מ	ר	ג
ג	מ	ה	ד	י	ס	ר	ו	פ	פ	ב	ו	מ	ט
ן	ל	נ	ר	מ	ה	ש	ר	ס	ג	ב	ס	מ	ב
ש	מ	ה	ר	ר	ן	י	ה	ן	ה	ש	ך	פ	ש
ד	ש	ב	ע	ש	ב	נ	ם	ע	ר	ד	ג	ף	ה
ס	ת	ח	ל	ק	מ	ה	ר	ק	ת	ם	ג	ם	ד
ג	ע	א	י	נ	ט	ן	ה	ש	ן	ט	ם	ל	ר
ח	ח	ח	י	ש	ב	כ	ע	ח	ג	ע	ת	ל	ס
ח	כ	נ	ת	ה	ח	כ	ח	א	ה	ג	ט	ט	פ
ס	ח	ן	ג	ע	ה	ן	ן	ג	ט	ו	ה	י	ר
ש	ח	ף	ג	ח	ר	ל	ף	ם	ף	ן	פ	ב	י
פ	ל	ג	כ	ב	ש	מ	פ	ע	ב	ע	צ	ף	ה
ף	ם	ס	כ	ת	ן	ם	ר	ע	ס	ג	ט	ט	א

מטבח
מנורה
ריהוט
חדר שינה
ארובה
מראה
דלת
קיר
גדר
חדר

מטאטא
ספריה
גג
עליית גג
תקרה
מקלחת
חלון
מוסך
גן
אח

90 - Bauernhof #1

א	פ	ח	ט	ב	נ	ס	מ	ע	ח	ע	ד	ש	ש
ר	ד	פ	כ	א	מ	ף	ט	ג	ד	ט	ס	ג	ן
ס	ת	ף	ל	פ	ע	ו	ף	ד	ע	ז	ג	ש	נ
ג	ד	ן	ס	ג	ג	ו	א	ר	מ	א	ע	ד	ם
ש	ת	ד	צ	ן	ל	ן	ר	ד	ב	ו	ר	ה	ד
כ	צ	ט	נ	ב	כ	ח	ץ	ב	כ	ר	ס	ו	ס
צ	ס	ח	ד	ף	ע	ע	ד	ע	ח	ז	י	ר	מ
ר	נ	ט	ט	ח	צ	י	ר	ל	ת	נ	ת	נ	מ
ה	מ	ע	ד	ת	ף	ג	ם	ת	ג	ט	ר	ט	ח
ד	ע	ח	מ	ו	ר	ב	פ	ם	ם	ע	ח	ד	ח
פ	ב	כ	י	ל	ש	ה	א	ט	ם	ם	ח	ף	ט
נ	ר	ש	ם	א	ע	ש	צ	ע	ד	ם	ר	ב	מ
נ	ס	ה	כ	ל	ב	ש	ש	ן	ס	ל	א	ש	ל
ד	ש	ן	ש	ח	ח	ק	ל	א	ו	ת	ט	ן	א

עורב
פרה
ארץ
חקלאות
סוס
אורז
חזיר
מים
גדר
עז

דבורה
דשן
חמור
שדה
חציר
דבש
עוף
כלב
עגל
חתול

91 - Berufe #1

ר	ו	א	ה	ח	ש	ב	ו	ן	פ	ל	ש	מ	ן
ל	פ	ת	ח	ת	ס	ב	ט	נ	ס	ח	ג	א	ל
ט	ן	ף	ס	ו	פ	ת	ר	ב	נ	ד	ר	מ	ש
ה	ב	ע	ש	ע	ת	ר	י	ג	ת	כ	י	ן	ן
א	ת	ר	נ	ל	ג	פ	נ	ש	ר	ב	ר	ב	ש
ס	ס	נ	ת	ד	ג	ה	ר	ן	ן	ר	ק	ד	ן
צ	ן	ט	מ	כ	ו	נ	א	י	פ	ק	א	ו	ע
ס	נ	ת	ר	ת	ד	צ	פ	ר	ס	ר	ר	ק	ו
צ	ס	כ	מ	ו	ז	י	ק	א	י	ט	מ	ט	ר
ח	י	ש	כ	ב	נ	ק	א	י	כ	ו	ב	ו	ך
צ	ג	י	א	ו	ל	ו	ג	צ	ו	ג	ה	ר	ד
ת	ל	ט	ד	נ	ס	ח	ם	ה	ל	ר	ב	ג	י
א	מ	ן	ת	ס	ן	ף	נ	ף	ו	ף	ת	מ	ן
צ	ש	כ	פ	ר	ת	ג	ר	ב	ג	ן	ה	צ	ב

אחות
אמן
מכונאי
מוזיקאי
פסנתרן
פסיכולוג
עורך דין
רקדן
וטרינר
מאמן
דוקטור
אסטרונום
בנקאי
שגריר
רואה חשבון
גיאולוג
צייד
תכשיטן
קרטוגרף
שרברב

92 - Adjektive #1

א	מ	נ	ו	ת	י	פ	ח	ש	ו	ך	נ	נ	ש
ה	ר	ה	ס	צ	ם	ב	ן	מ	ד	ד	ת	צ	ג
ה	ה	ו	ת	ל	ם	ג	נ	ח	צ	כ	נ	ה	נ
ש	ן	ף	מ	א	ט	ר	ק	ט	י	ב	י	ל	ל
א	י	ט	י	ט	ד	ב	ז	ט	ת	ד	פ	ח	ר
נ	נ	כ	ם	ת	י	פ	ה	ה	ר	א	ף	נ	ם
מ	ו	ש	ל	ם	ף	ח	ה	ף	ב	פ	ע	ע	נ
ט	ס	ן	א	פ	ף	ש	ח	ה	ט	ן	ל	פ	ף
ר	מ	ו	ח	ל	ט	ו	כ	כ	א	פ	ל	ב	ב
ח	ו	ע	מ	ו	ק	ב	ף	צ	צ	ף	ס	ט	פ
פ	ד	ת	ל	א	צ	כ	י	י	ה	ת	ס	ב	נ
ע	ר	ג	צ	ט	מ	ח	פ	ק	ג	ף	ג	ג	א
י	נ	א	ף	ב	ת	ה	ר	ר	ל	ב	ב	ב	ש
ל	י	ק	ע	ע	צ	ר	ש	ח	ם	ת	כ	ף	ר

מוחלט
פעיל
ארומטי
אטרקטיבי
חשוך
רזה
כנה
שמח
זהה
אמנותי

איטי
מודרני
מושלם
ענק
יפה
כבד
עמוק
תמים
יקר
חשוב

93 - Mathematik

מ	ע	ר	י	ך	כ	פ	ת	כ	ר	ת	ח	ש	צ
מ	ק	ב	י	ל	י	ת	צ	ש	ם	א	ש	ב	ר
ע	ל	ל	ס	מ	כ	ע	צ	ל	פ	פ	ב	ש	ס
ל	ס	ב	ן	ד	ר	ף	ז	ו	ו	י	ו	ת	ן
ו	י	כ	ן	מ	ק	ב	י	ל	ט	ה	ן	מ	ה
ת	מ	ן	ו	ג	א	ו	מ	ט	ר	י	ה	ש	ע
ע	ט	ש	ח	ם	ף	ע	ש	ר	ו	נ	י	ו	ב
ס	ר	ר	ו	כ	ף	ת	ד	ש	ט	פ	ח	ל	ל
ס	י	מ	צ	ו	ל	ע	ן	ת	צ	ח	ה	ש	ט
ט	ה	ס	כ	ק	א	ש	ה	ד	נ	ש	כ	ש	ר
ת	ה	פ	ע	ו	כ	ה	ש	צ	ת	ף	ג	ן	ג
ל	ס	ר	כ	ט	פ	י	ע	ל	ה	ל	ף	ש	ד
פ	ף	י	נ	ר	ש	ק	פ	ד	ה	ש	ן	פ	ר
ט	ר	ם	מ	ן	ל	ף	ד	פ	ש	מ	כ	ם	א

חשבון
שבר
עשרוני
משולש
קוטר
מעריך
גאומטריה
משוואה
מעלות
מקביל

מקבילית
מצולע
כיכר
מלבן
סכום
סימטריה
היקף
נפח
זוויות
מספרים

94 - Messungen

ש	כ	ר	ש	ס	ג	ש	ב	נ	ע	ר	מ	נ	כ
ס	ף	ן	ש	נ	א	ד	ן	ב	ע	ט	ו	ן	ת
א	ח	כ	צ	ט	ש	מ	מ	מ	ש	ק	ל	ח	ה
ם	ס	ע	כ	י	ב	א	ט	ע	ר	ס	ד	פ	ב
פ	פ	ם	ד	מ	ת	ו	ר	ע	ו	מ	ק	ם	י
ע	ע	ח	ד	ט	א	נ	פ	ח	נ	ן	ה	ד	ת
ל	ם	ב	ל	ר	ח	ק	ק	ת	י	ל	ס	ס	ו
ן	ן	ר	כ	ש	ת	י	י	א	ל	ט	ש	ט	א
א	י	נ	ץ	ל	ם	י	ל	ל	ו	ש	א	ג	ר
צ	ת	מ	ס	ה	ן	ת	ו	י	ו	ר	א	ו	ר
ש	ס	ג	ל	כ	צ	ד	מ	ט	מ	ג	ך	ב	ת
ה	נ	ס	ט	ת	ת	נ	ט	ר	ף	ר	ר	ה	מ
ח	ל	ס	ב	צ	ב	ם	ר	ח	צ	ם	ד	ם	נ
ע	ף	ס	ם	ט	נ	פ	א	ח	ס	ח	ע	ף	ף

רוחב
בית
עשרוני
משקל
תואר
גרם
גובה
קילוגרם
קילומטר
אורך

ליטר
מסה
מטר
דקה
עומק
טון
אונקיית
נפח
סנטימטר
אינץ

95 - Schlösser

ח	י	ל	י	צ	א	א	פ	פ	ר	ה	ת	ס	ש
צ	ג	ח	ה	י	ר	פ	מ	י	א	ב	ו	ו	ן
ק	ו	נ	י	צ	מ	ף	ע	א	ב	ס	ש	ב	מ
י	נ	ס	א	כ	ו	ש	ו	ו	ר	ל	ד	ג	ג
ר	נ	י	ב	ת	ן	מ	ט	ד	ת	ס	ד	ט	ן
מ	ס	ך	י	נ	פ	ל	ע	ל	ט	ל	ס	ד	ם
צ	י	ב	ר	ח	ע	א	ג	כ	ן	ו	י	ר	ש
ס	כ	ח	ש	ר	א	ן	ג	ג	ר	ר	ע	ק	ם
ם	ה	ת	ח	מ	ב	מ	א	ס	מ	ט	ע	ו	א
א	ש	ה	כ	ל	מ	מ	ר	ע	ר	א	ח	ן	ש
ל	נ	ר	ת	ן	א	ש	א	ב	ל	כ	ם	ם	ב
ם	ב	פ	ר	ח	ל	מ	ס	ש	פ	כ	ב	ח	ת
ף	ל	נ	ה	ן	ף	ת	פ	ף	ה	ר	צ	ם	ן
ן	ן	פ	ס	כ	ף	א	ש	ס	נ	א	כ	ח	ף

דרקון
שושלת
אצילי
פיאודל
מעוט
צינוק
ממלכה
כתר
ארמון
סוס

נסיך
נסיכה
אימפריה
אביר
שריון
מגן
חרב
מגדל
קיר

96 - Bauernhof #2

ק	ר	י	ש	ה	י	ק	ש	ה	א	ב	ד	ס	ב
ב	ן	מ	ע	ה	ט	י	ח	ד	ס	ת	ן	ב	ש
ל	ס	ז	ו	ס	ם	ף	ס	ש	ם	ה	מ	א	ל
ג	ה	ו	ר	ל	ר	ף	ן	כ	ע	ב	ח	א	ע
פ	ל	ן	ה	כ	ד	פ	מ	ס	פ	ו	ח	א	ע
מ	ר	א	ל	ף	ב	כ	ן	כ	ד	ס	מ	ה	מ
ש	נ	נ	א	צ	ג	ט	מ	ב	ט	ה	ט	ס	ב
מ	פ	פ	א	ר	ג	ם	ט	פ	ת	ו	ר	י	פ
כ	פ	ב	י	ר	כ	ח	ח	א	מ	ש	ק	צ	ד
ו	מ	ס	כ	ב	ש	ן	ש	ג	ה	ח	ט	ט	ג
ו	נ	ש	ר	ן	ם	י	ש	ב	כ	ל	ו	ד	ס
ר	ם	ו	ח	ו	ר	ת	נ	ח	ט	ב	ר	ב	ט
ת	ו	י	ח	ה	ט	ח	מ	ס	ר	י	ת	ל	ם
ז	ם	י	ז	ו	ו	א	ש	צ	פ	ב	ה	ף	ג

טלה
תירס
חלב
כבשים
אסם
חיות
טרקטור
חיטה
אחו
טחנת רוח

איכר
השקיה
כוורת
ברווז
מזון
פירות
אווזים
ירק
שעורה
לאמה

97 - Berufe #2

כ	ה	ר	מ	מ	צ	י	א	מ	ה	נ	ד	ס	ז
ף	מ	ו	נ	ף	ה	מ	ס	צ	ו	כ	ל	ב	ו
ב	כ	פ	ת	ש	ם	א	ט	פ	ל	ר	צ	ל	א
ן	מ	א	ח	ע	ב	ב	ר	נ	ר	ם	ה	ש	ו
פ	ס	ש	פ	פ	י	ל	ו	ס	ו	ף	ר	ס	ל
ף	כ	י	ד	ט	ו	ש	נ	ס	פ	ה	ס	ש	ו
ת	ש	נ	נ	י	ל	ן	א	ט	א	ר	ס	נ	ג
ר	מ	י	ף	י	ו	ח	ו	ק	ר	ע	נ	צ	ן
ף	ס	י	ש	ס	ג	ת	ט	פ	ח	י	ח	י	ף
ד	ג	ם	מ	מ	נ	ח	ש	ה	ח	ת	ר	י	ת
פ	ס	ם	ח	ם	ן	ע	ב	ה	ע	ו	ת	ר	מ
מ	א	י	י	ר	ף	א	ס	ס	ג	נ	ג	ס	ת
ן	ם	ב	צ	ב	ס	צ	ד	ר	ב	א	ב	ח	ה
נ	ב	ג	ג	נ	ע	נ	ט	ם	ן	י	ב	א	ה

רופא	מאייר
אסטרונאוט	מהנדס
ספרנית	עיתונאי
ביולוג	מורה
מנתח	בלשן
בלש	צייר
ממציא	פילוסוף
חוקר	טייס
צלם	רופא שיניים
גנן	זואולוג

98 - Freundlichkeit

ח	ת	ף	ג	מ	ס	ב	י	ר	י	פ	נ	י	ם
פ	ף	מ	ת	ו	ק	מ	ד	ב	ד	ת	ד	ב	ד
ט	פ	ג	כ	ע	ש	ו	ש	י	ל	ש	י	ת	כ
ד	א	ג	ב	י	ט	א	ר	ד	ד	מ	ב	ש	ב
א	מ	ד	ג	ל	ל	ח	ב	י	ו	ח	ת	ח	ש
ל	י	ר	ח	ו	ם	ר	ד	ל	ת	ש	ב	פ	ם
צ	ן	מ	פ	ל	כ	ס	ד	ח	י	ל	א	ח	ה
ל	פ	ע	מ	ט	ח	ב	ש	ש	ק	א	ח	ש	א
א	ל	ל	כ	נ	ה	ל	ו	ע	ש	ת	ס	ף	כ
ה	ן	ח	ר	ב	ר	נ	ס	ד	ו	ל	ש	ג	ש
ו	ב	ט	ס	פ	ס	י	מ	י	ב	ח	ף	כ	ל
ב	ד	נ	ה	ת	ג	ן	ב	ן	כ	ל	ג	א	מ
ן	ל	צ	ה	ו	ס	ו	ב	ל	נ	י	נ	ד	ת
ר	צ	ג	א	ח	ם	מ	ל	מ	ג	ף	צ	ש	ט

קשוב
מקורי
כנה
פתוח
ידידותי
מסבירי פנים
סבלני
שמח
נדיב

מועיל
לאהוב
רחום
כבוד
עדין
סובלני
הבנה
אמין

99 - Erforschung

מ	צ	א	ח	ח	ת	פ	ל	ן	נ	נ	ס	ל	ן
ש	ס	ח	י	ו	ת	ע	מ	א	ס	פ	ן	מ	א
ת	ה	ו	ב	ת	ר	י	ט	ה	י	ת	ן	ע	ן
ת	ע	ע	כ	ן	פ	ל	ל	פ	ע	ד	ף	א	פ
ד	ל	ש	ן	ן	ל	ו	ף	פ	ו	מ	ו	ב	נ
ט	ל	נ	ם	ש	ח	ת	ש	נ	ת	ע	פ	ע	כ
ב	ע	פ	ע	צ	פ	פ	ד	ל	פ	ה	ט	ט	א
ח	ג	נ	ס	ג	א	מ	ט	ה	ף	ת	ח	ט	צ
ף	י	ע	כ	ט	ר	ל	ה	כ	ן	ר	ד	ס	ה
א	ל	ד	נ	ח	י	ש	ו	ת	ש	ג	ש	ל	ע
ש	ו	ח	ו	פ	ר	א	י	ג	ב	ש	פ	ל	פ
ם	י	מ	ת	ר	ב	ו	י	ו	ת	ו	ה	מ	ט
נ	פ	ג	ץ	צ	ע	ר	ג	ל	ע	ת	ג	ו	ח
ת	ש	י	ש	ו	ת	כ	ל	נ	פ	פ	ע	ד	ח

ללמוד
אומץ
חדש
נסיעות
שפה
חיות
לא ידוע
פראי

פעילות
התרגשות
גילוי
נחישות
תשישות
סכנות
מסוכן
תרבויות

100 - Wetter

ס	ה	ד	ח	ס	ר	ו	ח	ג	ם	ד	ה	פ	ר
ע	ע	ר	פ	א	ו	ו	י	ר	ה	ק	ו	ט	ב
נ	ח	ר	ו	ף	ד	ר	מ	ר	ר	ב	ר	ק	צ
ן	ה	ל	ה	·	ס	ס	מ	ן	ת	צ	י	ט	כ
ט	ר	ו	פ	י	ח	ם	ו	ם	נ	ו	ק	ר	ע
ר	ש	ל	מ	מ	ט	-	נ	ק	ם	ר	ן	ע	כ
ק	ר	ב	ם	ש	כ	ט	ס	ר	מ	ת	ע	ם	ק
י	מ	כ	ס	ן	פ	מ	ו	ח	ר	ש	ל	צ	ש
ע	ר	פ	ל	צ	א	פ	ן	ר	כ	ט	כ	ע	ת
י	ב	ש	צ	פ	ס	ר	ט	ג	נ	ה	ד	ט	ג
ד	כ	צ	פ	ס	ם	ט	ד	ר	ם	ד	ם	ב	נ
א	ק	ל	י	ם	ש	ו	ף	ם	ס	כ	ו	כ	ג
ה	ט	נ	ס	פ	נ	ר	ע	ם	ם	ם	ס	ח	ם
ן	ש	ת	כ	ד	ש	ה	מ	ל	נ	ע	צ	ל	ד

אווירה
ברק
רוּחַ
רעם
בצורת
קרח
רקיע
הוריקן
אקלים
מונסון
ערפל
הקוטב
קשת
סערה
טמפרטורה
טורנדו
יבש
טרופי
רוח
ענן

1 - Ozean

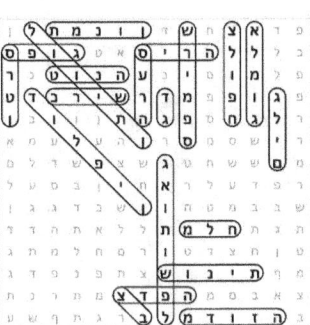

2 - Schule #1

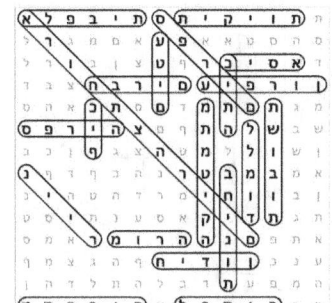

3 - Meditation

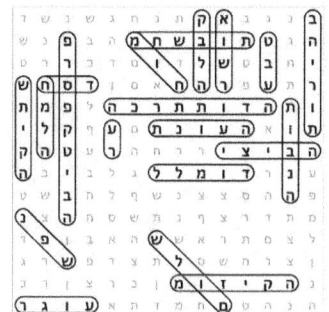

4 - Meisterschaft

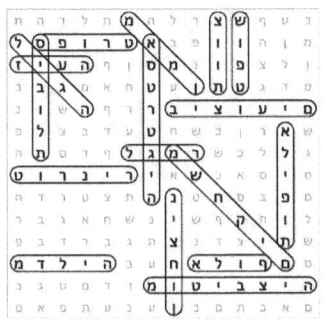

5 - Insekten

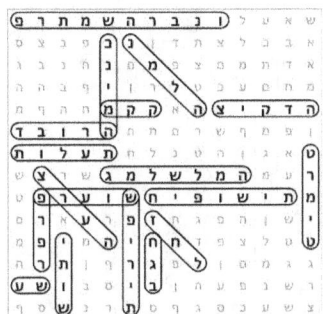

6 - Dinosaurier

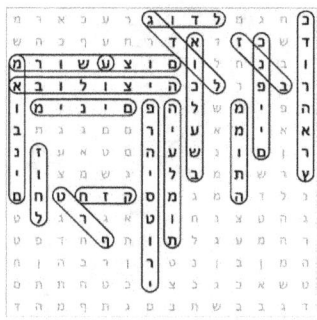

7 - Obst

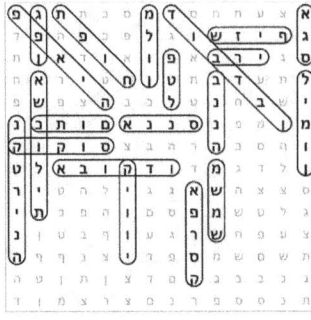

8 - Schule #2

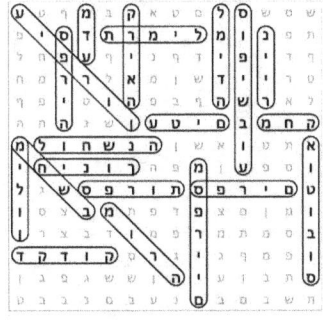

9 - Spielzeuge

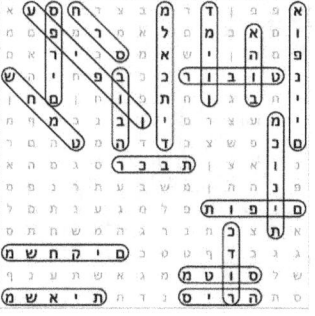

10 - Camping

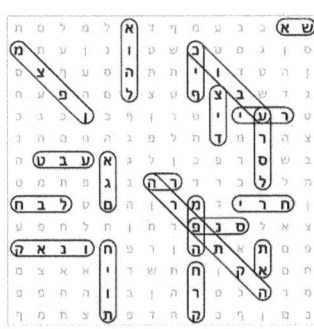

11 - Zeit

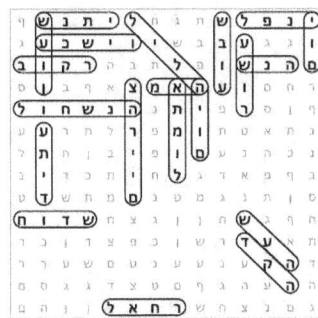

12 - Säugetiere

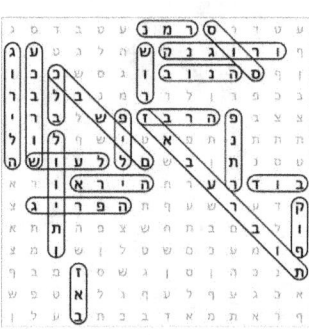

13 - Astronomie

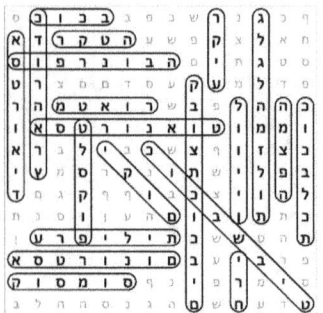

14 - Ballett

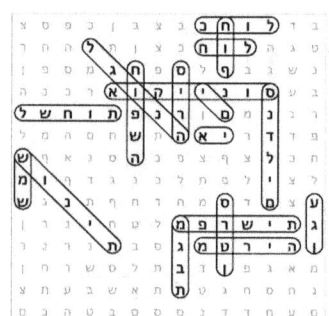

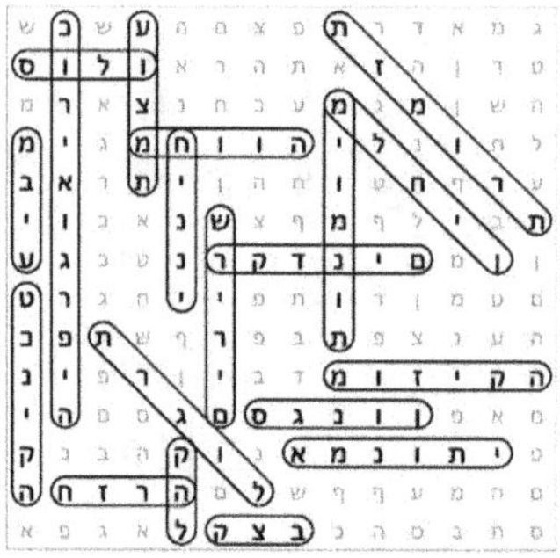

15 - Strand

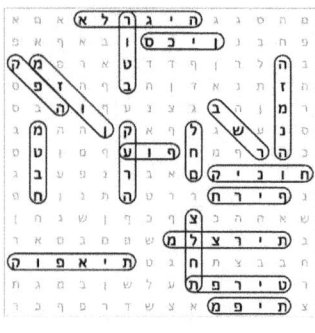

16 - Restaurant #1

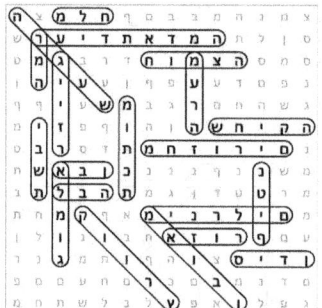

17 - Geologie

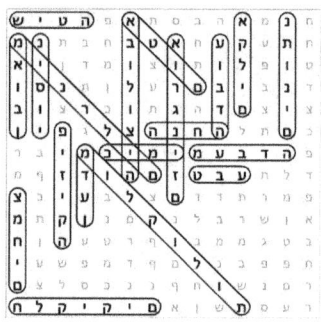

18 - Wissenschaft

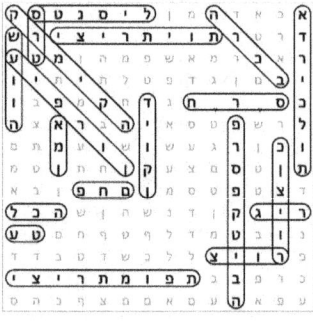

19 - Bildende Kunst

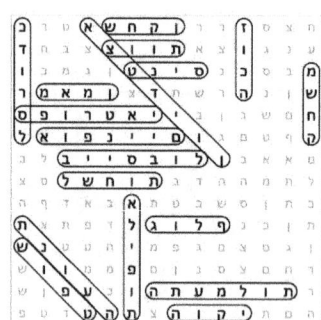

20 - Sport

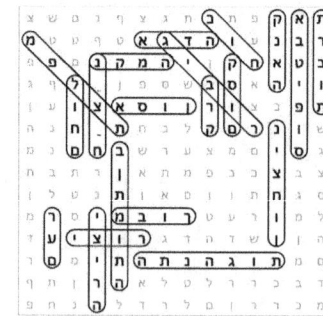

21 - Mythologie

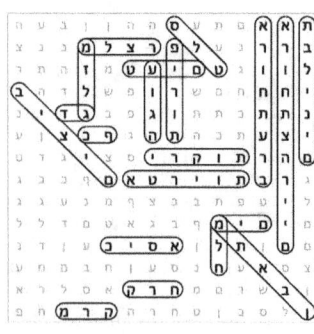

22 - Restaurant #2

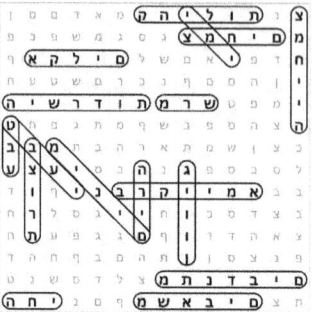

23 - Ökologie

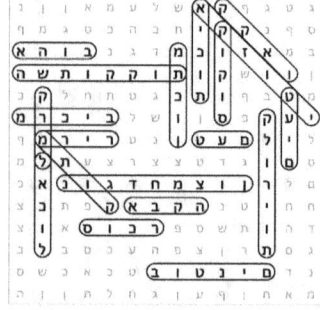

24 - Schokolade

25 - Boote

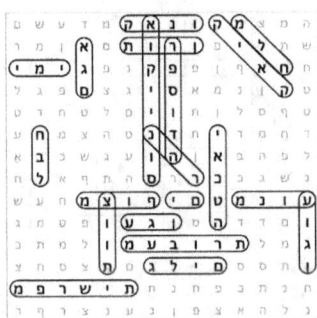

26 - Stadt

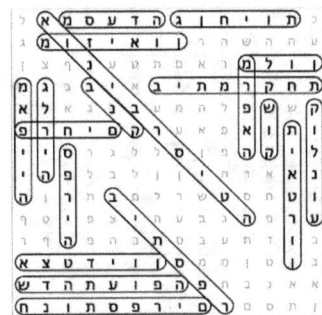

27 - Aktivitäten

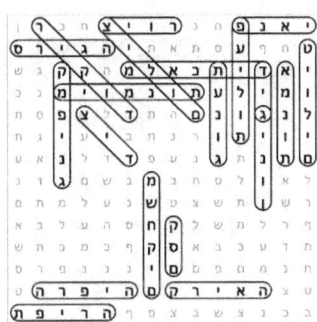

28 - Bienen

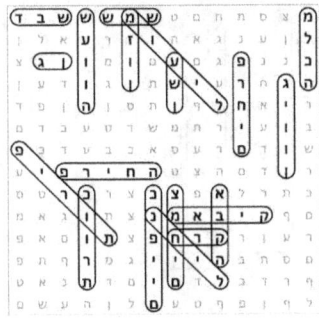

29 - Wissenschaftliche

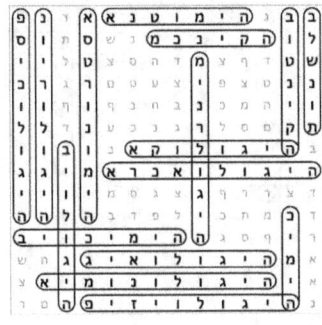

30 - Vögel

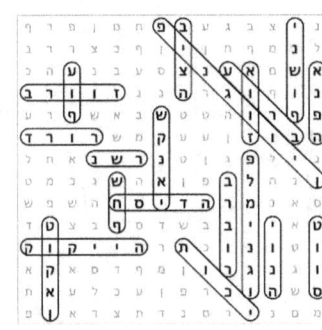

31 - Garten

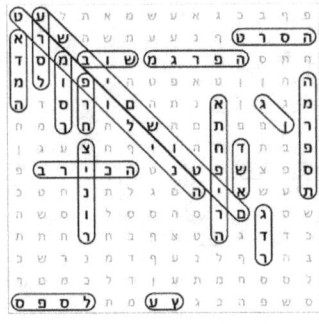

32 - Antarktis

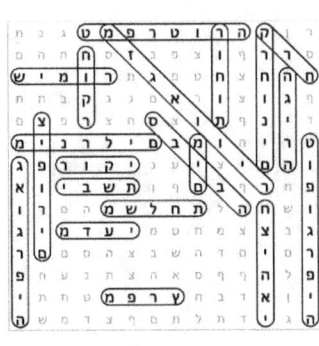

33 - Fahren

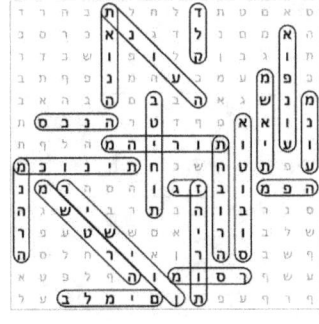

34 - Bücher

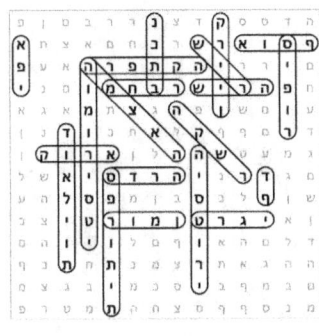

35 - Menschlicher Körper

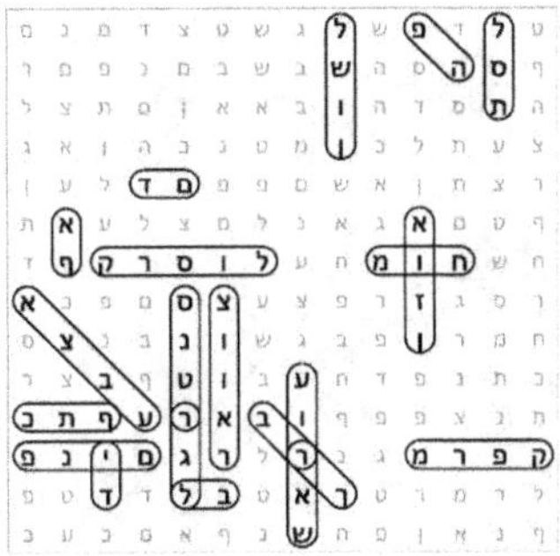

36 - Klettern

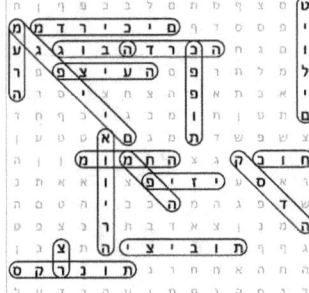

37 - Landschaften

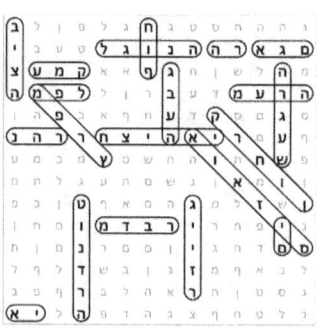

38 - Abenteuer

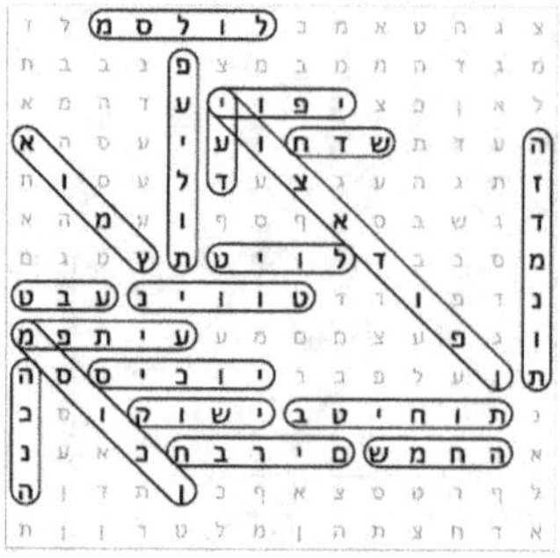

39 - Flugzeuge

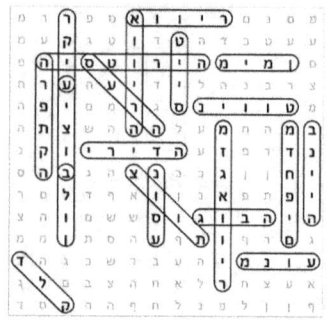

40 - Haartypen

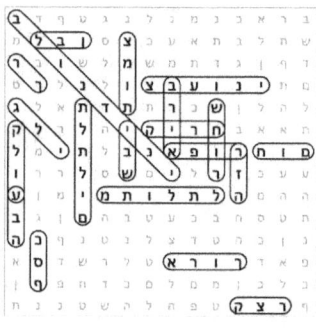

41 - Essen #1

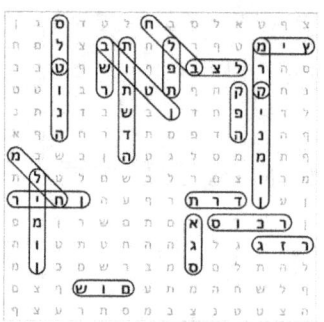

42 - Gebäude

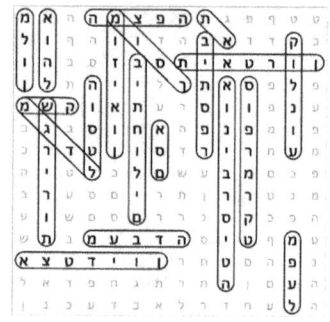

43 - Angeln

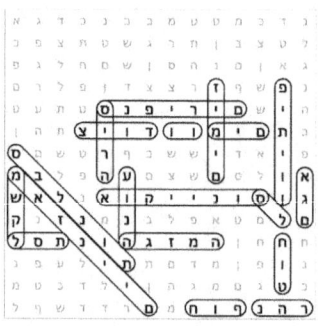

44 - Regenwald

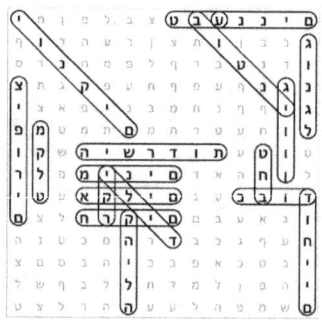

45 - Essen #2

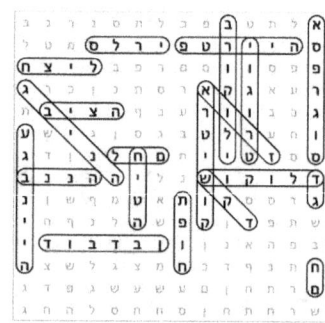

46 - Familie

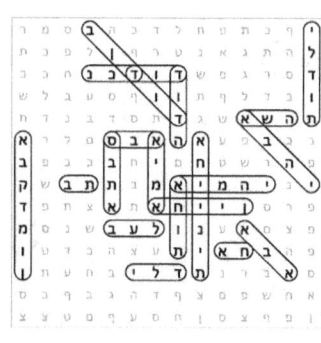

47 - Pflanzen

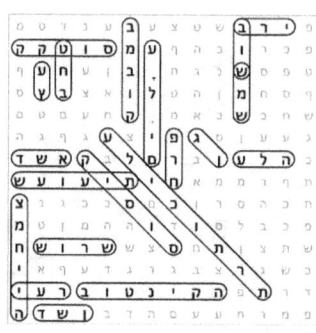

48 - Kunst

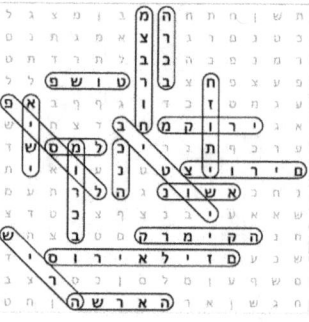

49 - Gewürze

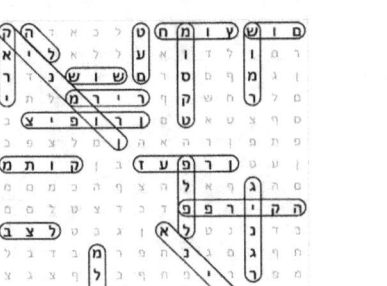

50 - Gemüse

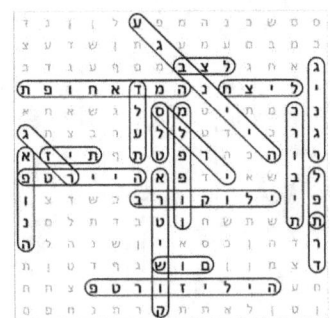

51 - Katzen

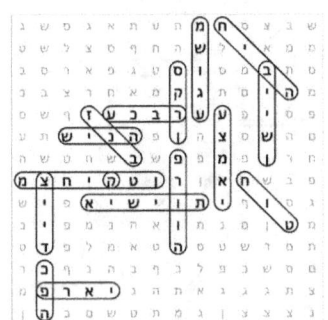

52 - Tanzen

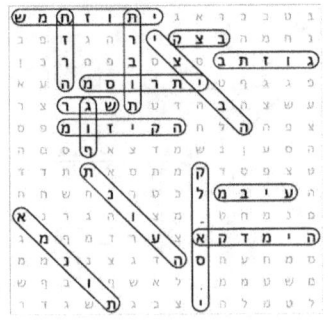

53 - Ernährung

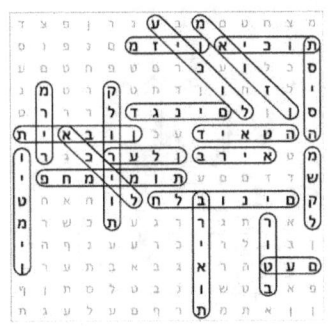

54 - Technologie

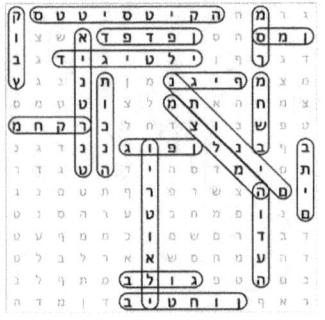

55 - Wasser

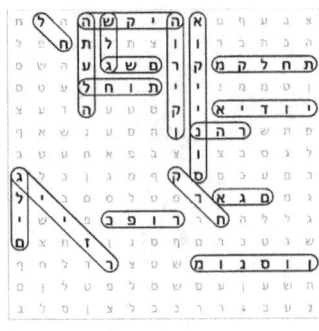

56 - Science Fiction

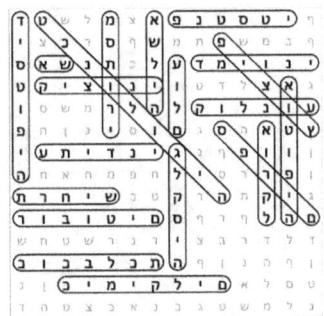

57 - Haustiere

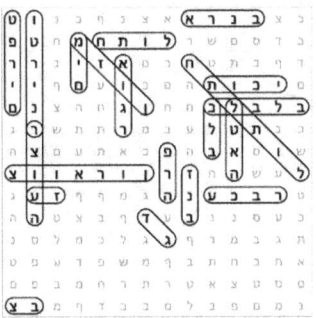

58 - Geburtstag

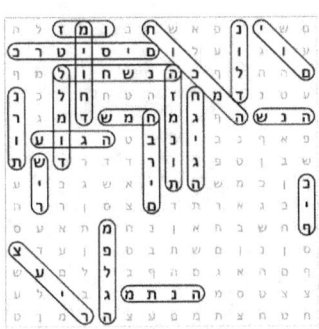

59 - Literatur

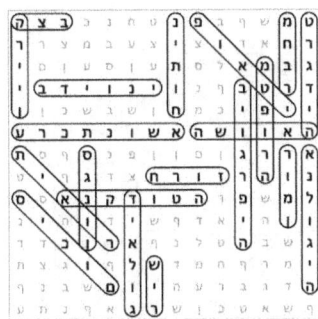

60 - Wandern

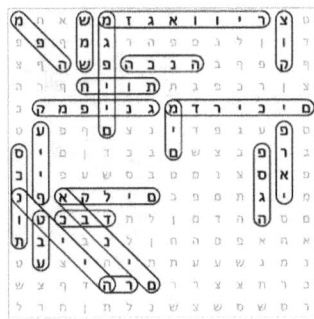

61 - Länder #2

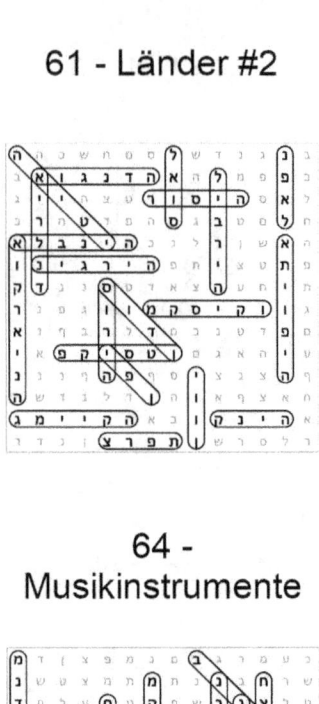

62 - Fahrzeuge

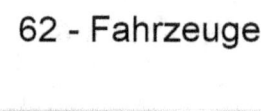
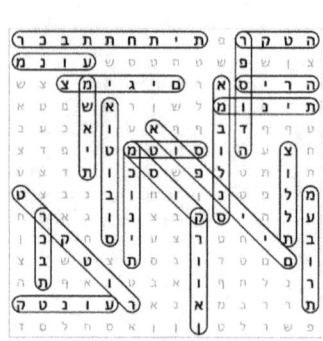

63 - Badezimmer

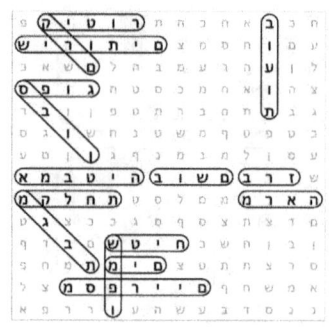

64 - Musikinstrumente

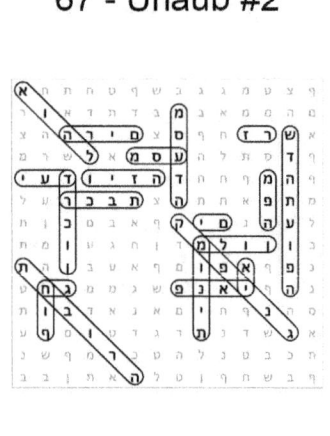

65 - Blumen

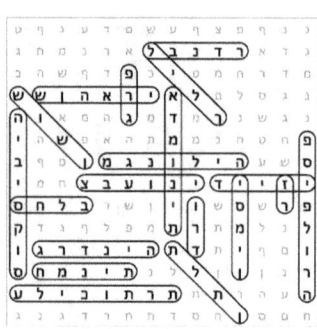

66 - Natur

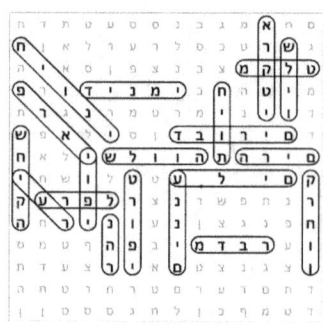

67 - Urlaub #2

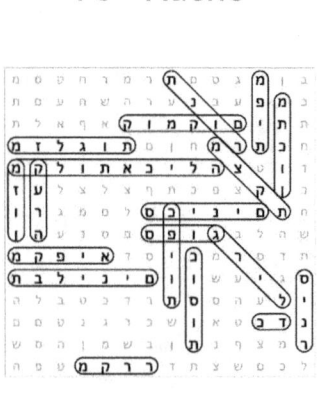

68 - Zirkus

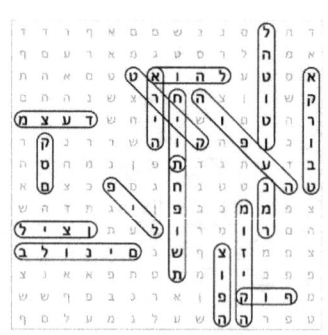

69 - Barbecues

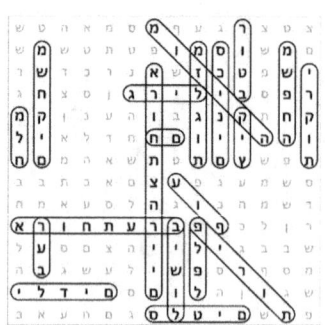

70 - Küche

71 - Schach

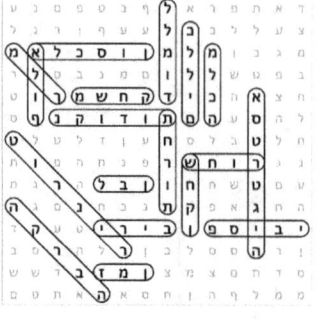

72 - Geographie

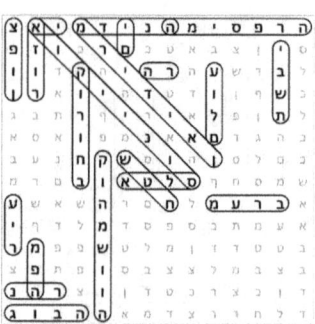

73 - Zahlen

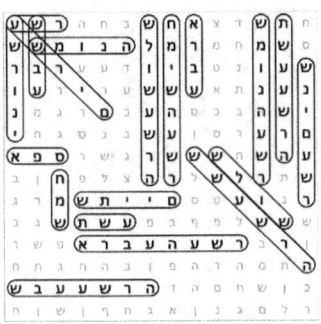

74 - Kunst Liefert

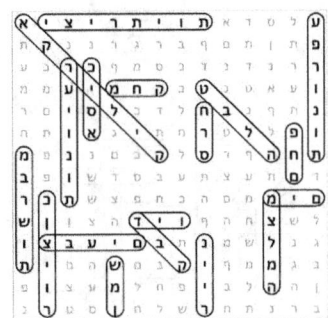
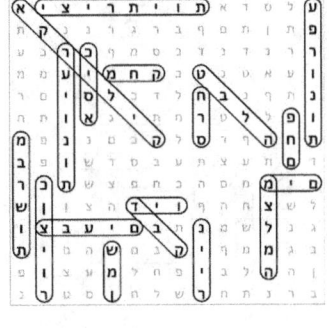

75 - Tage und Monate

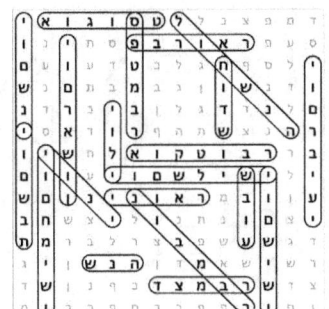

76 - Piraten

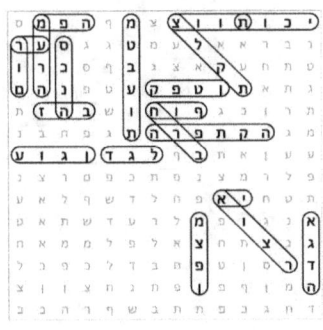

77 - Emotionen

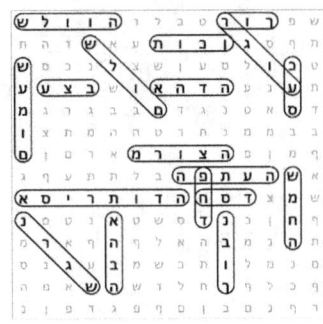

78 - Zu Füllen

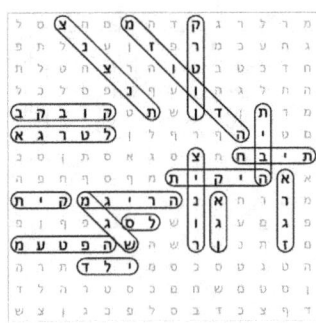

79 - Surfen

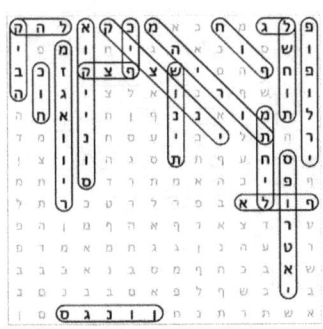

80 - Möbel

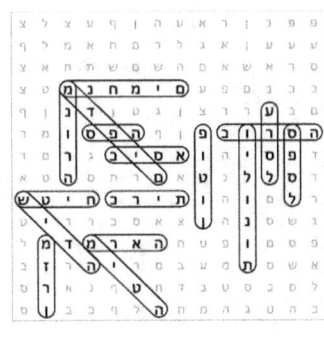

81 - Kräuterkunde

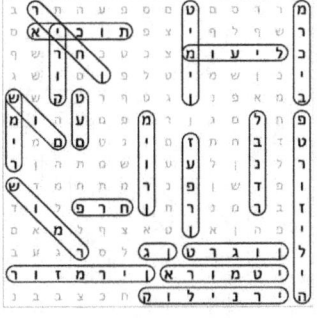

82 - Tugenden #1

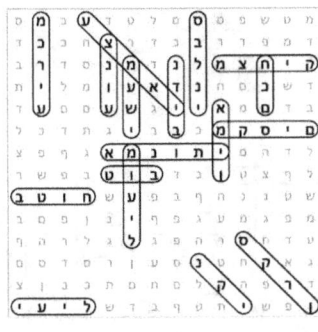

83 - Aktivitäten und Freizeit

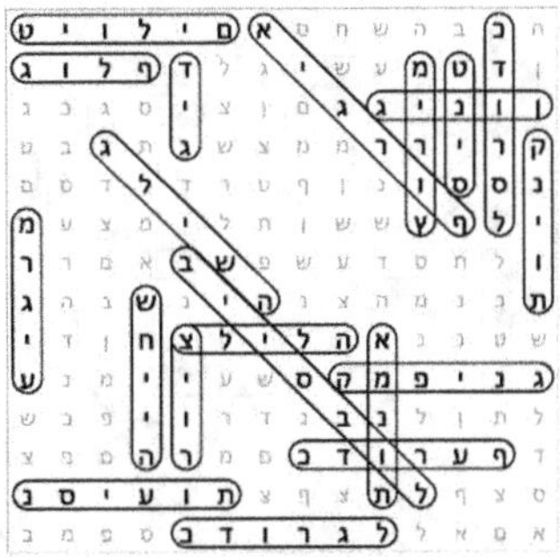

84 - Formen

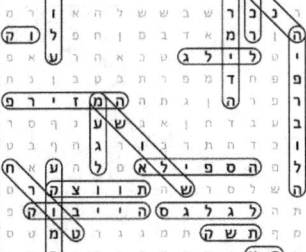

85 - Adjektive #2

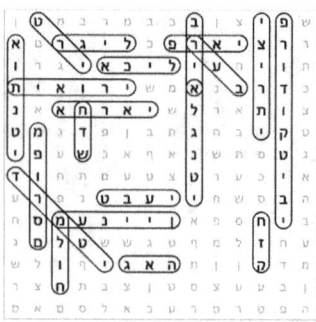

86 - Kleidung

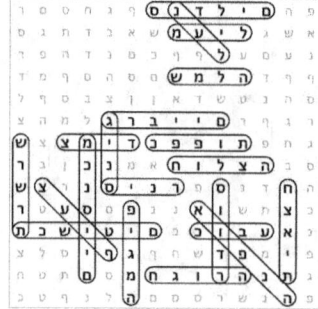

87 - Sommer

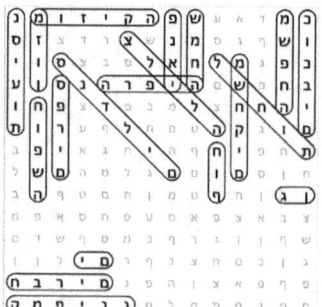

88 - Farben

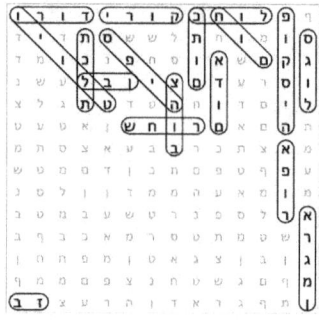

89 - Haus

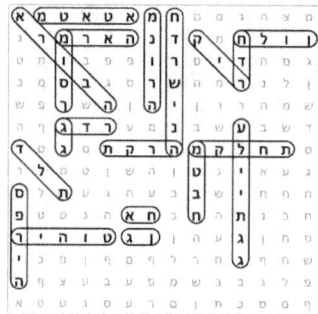

90 - Bauernhof #1

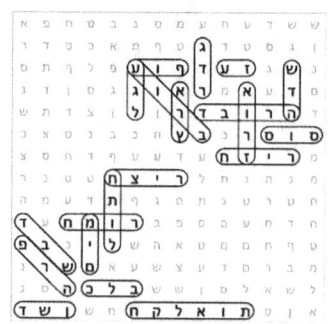

91 - Berufe #1

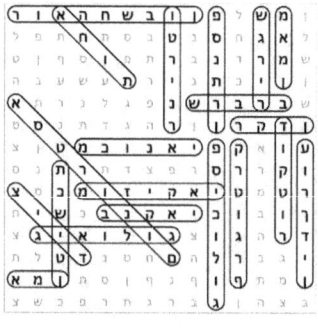

92 - Adjektive #1

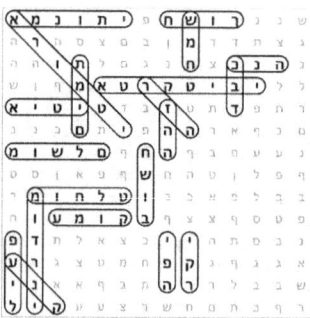

93 - Mathematik

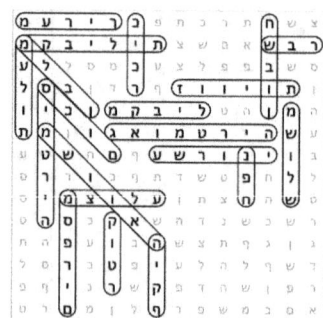

94 - Messungen

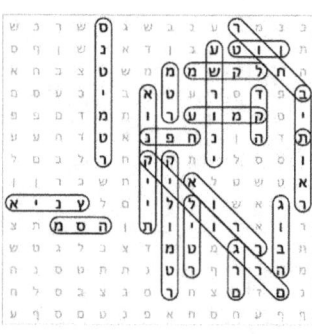

95 - Schlösser

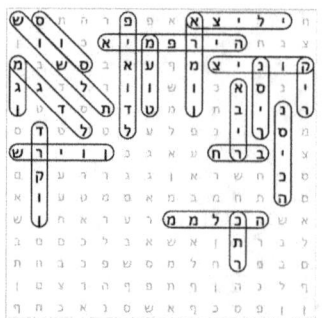

96 - Bauernhof #2

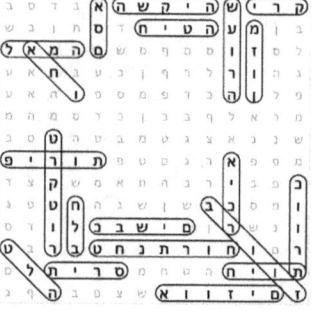

97 - Berufe #2

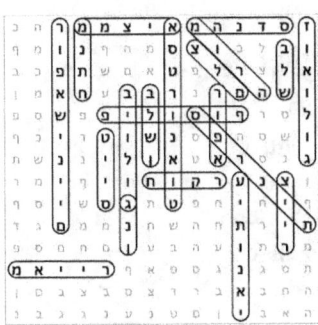

98 - Freundlichkeit

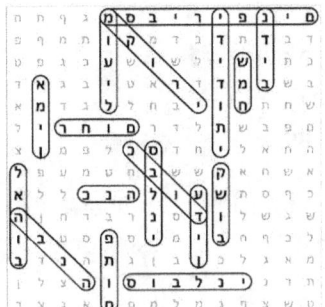

99 - Erforschung

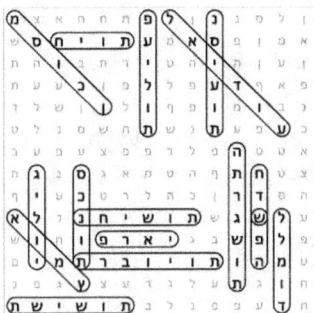

100 - Wetter

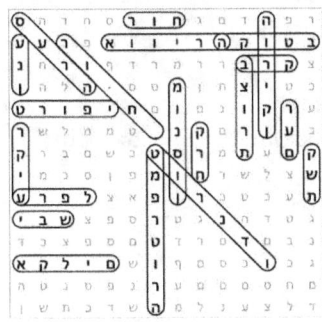

Wörterbuch

Abenteuer

הקתפרה

Aktivität	תוליעפ
Ausflug	לויט
Chance	יוכיס
Freude	החמש
Freunde	םירבח
Gefährlich	ןכוסמ
Gelegenheit	תונמדזה
Natur	עבט
Navigation	טווינ
Neu	שדח
Route	לולסמ
Schönheit	יפוי
Schwierigkeit	ישוק
Sicherheit	תוחיטב
Tapferkeit	ץמוא
Ungewöhnlich	ןפוד אצוי
Überraschend	עיתפמ
Vorbereitung	הנכה
Ziel	דעי

Adjektive #1

ראות תומש #1

Absolut	טלחומ
Aktiv	ליעפ
Aromatisch	יטמורא
Attraktiv	יביטקרטא
Dunkel	ךושח
Dünn	הזר
Ehrlich	ןנכ
Glücklich	חמש
Identisch	ההז
Künstlerisch	יתונמא
Langsam	יטיא
Modern	ינרדומ
Perfekt	םלשומ
Riesig	קנע
Schön	הפי
Schwer	דבכ
Tief	קומע
Unschuldig	םימת
Wertvoll	רקי
Wichtig	בושח

Adjektive #2

ראות תומש #2

Authentisch	יטנתוא
Berühmt	םסרופמ
Beschreibend	ירואית
Dramatisch	יטמרד
Elegant	יטנגלא
Essbar	ליכא
Frisch	ירט
Gesund	אירב
Hungrig	בער
Interessant	ןיינעמ
Kreativ	יתריצי
Natürlich	יעבט
Neu	שדח
Normal	ליגר
Produktiv	יביטקודורפ
Salzig	חולמ
Stark	קזח
Stolz	האג
Verantwortlich	יארחא
Wild	יארפ

Aktivitäten

תויוליעפ

Aktivität	תוליעפ
Angeln	גיד
Camping	גניפמק
Entspannung	היפרה
Fähigkeit	תונמוימ
Fotografie	םוליצ
Freizeit	יאנפ
Gartenarbeit	ןוניג
Gemälde	רויצ
Jagd	דיצ
Kunst	תונמא
Kunsthandwerk	די תכאלמ
Lesen	האירק
Magie	םסק
Nähen	הריפת
Spiele	םיקחשמ
Stricken	הגירס
Tanzen	דוקיר
Vergnügen	גונעת
Wandern	םילויט

Aktivitäten und Freizeit

יאנפו תויוליעפ

Angeln	גיד
Baseball	לובסייב
Basketball	לסרודכ
Boxen	ףורגיא
Camping	גניפמק
Einkaufen	תוינק
Entspannend	עיגרמ
Fussball	לגרודכ
Gartenarbeit	ןוניג
Gemälde	רויצ
Golf	ףלוג
Kunst	תונמא
Reise	תועיסנ
Rennen	ץורימ
Schwimmen	הייחש
Surfen	השילג
Tauchen	הלילצ
Tennis	סינט
Volleyball	ףערודכ
Wandern	םילויט

Angeln

גייד

Ausrüstung	דויצ
Boot	הריס
Draht	טוח
Flossen	םיריפנס
Fluss	רהנ
Geduld	תונלבס
Gewicht	לקשמ
Haken	וו
Jahreszeit	הנוע
Kiefer	תסל
Kiemen	םימיז
Korb	לס
Köder	ןויתיפ
Ozean	סונייקוא
See	םגא
Strand	ףוח
Übertreibung	המזגה
Waage	םיינזאמ
Wasser	םימ

Antarktis
אנטארקטיקה

Bucht	מפרץ
Eis	קרח
Erhaltung	שימור
Expedition	משלחת
Felsig	רוקי
Forscher	חוקר
Geographie	גאוגרפיה
Gletscher	קרחונים
Halbinsel	חצי האי
Kontinent	יבשת
Migration	הגירה
Mineralien	מינרלים
Temperatur	טמפרטורה
Topographie	טופוגרפיה
Umwelt	סביבה
Vögel	ציפורים
Wasser	מים
Wetter	מזג אוויר
Wind	רוחות
Wissenschaftlich	מדעי

Astronomie
אסטרונומיה

Asteroid	אסטרואיד
Astronaut	אסטרונאוט
Astronom	אסטרונום
Erde	כדור הארץ
Himmel	רקיע
Komet	כוכב שביט
Konstellation	קבוצת כוכבים
Kosmos	קוסמוס
Meteor	מטאור
Mond	ירח
Nebel	ערפילית
Observatorium	המצפה
Planet	כוכב לכת
Rakete	רקטה
Satellit	לוויין
Stern	כוכב
Supernova	סופרנובה
Teleskop	טלסקופ
Tierkreis	גלגל המזלות
Universum	יקום

Badezimmer
חדר אמבטיה

Bad	אמבטיה
Blasen	בועות
Dampf	קיטור
Dusche	מקלחת
Handtuch	מגבת
Lotion	קרם
Parfüm	בושם
Schere	מספריים
Schwamm	ספוג
Seife	סבון
Shampoo	שמפו
Spiegel	מראה
Teppich	שטיח
Toilette	שירותים
Wasser	מים
Wasserhahn	ברז

Ballett
בלט

Anmutig	חינני
Ausdrucksvoll	מביע
Choreographie	כוריאוגרפיה
Fähigkeit	מיומנות
Geste	מחווה
Intensität	עוצמת
Komponist	מלחין
Künstlerisch	אמנותי
Musik	מוזיקה
Muskel	שרירים
Orchester	תזמורת
Praxis	תרגול
Probe	חזרה
Publikum	קהל
Rhythmus	קצב
Solo	סולו
Stil	סגנון
Tänzer	רקדנים
Technik	טכניקה

Barbecues
ברביקיו

Abendessen	ארוחת ערב
Familie	משפחה
Frucht	פירות
Gabeln	מזלגות
Gemüse	ירקות
Grill	גריל
Heiss	חם
Huhn	עוף
Hunger	רעב
Kinder	ילדים
Kochen	בישול
Messer	סכינים
Mittagessen	ארוחת צהריים
Musik	מוזיקה
Pfeffer	פלפל
Salate	סלטים
Salz	מלח
Sommer	קיץ
Sosse	רוטב
Spiele	משחקים

Bauernhof #1
משק #1

Biene	דבורה
Dünger	דשן
Esel	חמור
Feld	שדה
Heu	חציר
Honig	דבש
Huhn	עוף
Hund	כלב
Kalb	עגל
Katze	חתול
Krähe	עורב
Kuh	פרה
Land	ארץ
Landwirtschaft	חקלאות
Pferd	סוס
Reis	אורז
Schwein	חזיר
Wasser	מים
Zaun	גדר
Ziege	עז

Bauernhof #2

קשמ #2

Bauer	רכיא
Bewässerung	היקשה
Bienenstock	תרווכ
Ente	זוורב
Essen	ןוזמ
Frucht	תוריפ
Gänse	םיזווא
Gemüse	ירק
Gerste	הרועש
Lama	המאל
Lamm	הלט
Mais	סרית
Milch	בלח
Schaf	םישבכ
Scheune	םסא
Tiere	תויח
Traktor	רוטקרט
Weizen	הטיח
Wiese	וחא
Windmühle	חור תנחט

Berufe #1

תועוצקמ #1

Arzt	רוטקוד
Astronom	םונורטסא
Bankier	יאקנב
Botschafter	רירגש
Buchhalter	ןובשח האור
Geologe	גולואיג
Jäger	דייצ
Juwelier	ןטישכת
Kartograph	ףרגוטרק
Klempner	ברברש
Krankenschwester	תוחא
Künstler	ןמא
Mechaniker	יאנוכמ
Musiker	יאקיזומ
Pianist	ןרתנספ
Psychologe	גולוכיספ
Rechtsanwalt	ןיד ךרוע
Tänzer	ןדקר
Tierarzt	רנירטו
Trainer	ןמאמ

Berufe #2

תועוצקמ #2

Arzt	אפור
Astronaut	טואנורטסא
Bibliothekar	תינרפס
Biologe	גולויב
Chirurg	חתנמ
Detektiv	שלב
Erfinder	איצממ
Forscher	רקוח
Fotograf	םלצ
Gärtner	ןנג
Illustrator	רייאמ
Ingenieur	סדנהמ
Journalist	יאנותיע
Lehrer	הרומ
Linguist	ןשלב
Maler	רייצ
Philosoph	ףוסוליפ
Pilot	סייט
Zahnarzt	םייניש אפור
Zoologe	גולואוז

Bienen

םירובד

Bestäuber	קיבאמ
Bienenkorb	תרווכ
Blumen	םיחרפ
Blüte	החירפ
Essen	ןוזמ
Flügel	םייפנכ
Frucht	תוריפ
Garten	ןג
Honig	שבד
Insekt	קרח
Königin	הכלמ
Pflanzen	םיחמצ
Pollen	הקבא
Rauch	ןשע
Schwarm	ליחנ
Sonne	שמש
Vielfalt	ןוויג
Vorteilhaft	ליעומ
Wachs	הוועש

Bildende Kunst

תיתוזח תונמא

Architektur	תולכירדא
Bleistift	ןורפיע
Film	טרס
Gemälde	רויצ
Holzkohle	םחפ
Keramik	הקימרק
Kreativität	תויתריצי
Kreide	ריג
Künstler	ןמא
Lack	הכל
Meisterwerk	תפומ תריצי
Perspektive	הביטקפסרפ
Porträt	ןקויד
Schablone	ליסנטס
Staffelei	רויצ ןכ
Stift	טע
Ton	סֶרֶח
Wachs	הוועש
Zusammensetzung	הבכרה

Blumen

םיחרפ

Blütenblatt	תרתוכ ילע
Gardenie	היינדרג
Gänseblümchen	ינייד
Hibiskus	סוקסיביה
Jasmin	ןימסי
Klee	ןתלת
Lavendel	רדנבל
Lila	ךליל
Lilie	ןשוש
Löwenzahn	יראה ןש
Magnolie	הילונגמ
Mohn	גרפ
Orchidee	םלחס
Passionsblume	הרולפיספ
Pfingstrose	תינומדא
Rose	דרו
Sonnenblume	תינמח
Strauss	רז
Tulpe	ינועבצ

Boote
סירות

Anker	עוגן
Boje	מצוף
Crew	צוות
Dock	עגן
Fähre	מעבורת
Floss	רפסודה
Fluss	נהר
Kajak	קיאק
Kanu	קאנו
Mast	תורן
Meer	ים
Motor	מנוע
Nautisch	ימי
Ozean	אוקיינוס
See	אגם
Seemann	מלח
Segelboot	מפרשית
Seil	חבל
Wellen	גלים
Yacht	יאכטה

Bücher
ספרים

Abenteuer	הרפתקה
Autor	מחבר
Dualität	דואליות
Episch	אפי
Erfinderisch	המצאה
Erzähler	קריין
Gedicht	שיר
Geschichte	סיפור
Geschrieben	נכתב
Historisch	היסטורי
Humorvoll	הומוריסטי
Kollektion	אוסף
Kontext	הקשר
Leser	קורא
Literarisch	ספרותית
Poesie	שירה
Roman	רומן
Seite	דף
Serie	סדרה
Tragisch	טרגי

Camping
מחנאות

Abenteuer	הרפתקה
Berg	הר
Feuer	אש
Hängematte	ערסל
Hut	כובע
Insekt	חרק
Jagd	ציד
Kabine	תא
Kanu	קאנו
Karte	מפה
Kompass	מצפן
Laterne	פנס
Mond	ירח
Natur	טבע
See	אגם
Seil	חבל
Spass	כיף
Tiere	חיות
Wald	יער
Zelt	אוהל

Dinosaurier
דינוזאורים

Art	מינים
Beute	טרף
Bösartig	מרושע
Enorm	עצום
Erde	כדור הארץ
Evolution	אבולוציה
Flügel	כנפיים
Fossilien	מאובנים
Gross	גדול
Grösse	גודל
Leistungsstark	חזק
Mammut	ממותה
Pflanzenfresser	אוכל עשב
Prähistorisch	פרהיסטורי
Reptil	זוחל
Schwanz	זנב
Verschwinden	היעלמות

Emotionen
רגשות

Angst	פחד
Aufgeregt	נרגש
Beschämt	נבוך
Dankbar	אסיר תודה
Entspannt	רגוע
Freude	שמחה
Freundlichkeit	חסד
Frieden	שלום
Inhalt	תוכן
Langeweile	שעמום
Liebe	אהבה
Ruhe	שלווה
Sympathie	אהדה
Traurigkeit	עצב
Überraschen	הפתעה
Wut	כעס
Zärtlichkeit	רוך
Zufrieden	מרוצה

Erforschung
חקר

Aktivität	פעילות
Aufregung	התרגשות
Entdeckung	גילוי
Entschlossenheit	נחישות
Erschöpfung	תשישות
Gefahren	סכנות
Gefährlich	מסוכן
Kulturen	תרבויות
Lernen	ללמוד
Mut	אומץ
Neu	חדש
Reise	נסיעות
Sprache	שפה
Tiere	חיות
Unbekannt	לא ידוע
Wild	פראי

Ernährung

הנוזת

Appetit	ןובאית
Ausgewogen	ןזואמ
Bitter	רירמ
Diät	הטאיד
Essbar	ליכא
Fermentation	הסיסת
Geschmack	םעט
Gesund	אירב
Gesundheit	תואירב
Getreide	םינגד
Gewicht	לקשמ
Kalorien	תוירולק
Kohlenhydrate	תומימחפ
Nährstoff	ןיזמ
Proteine	םינובלח
Qualität	תוכיא
Sosse	בטור
Toxin	ןלער
Verdauung	לוכיע
Vitamin	ןימטיו

Essen #1

ןוזמ #1

Basilikum	ןחיר
Birne	סגא
Erdbeere	הדש תות
Erdnuss	ןטוב
Fleisch	רשב
Kaffee	הפק
Karotte	רזג
Knoblauch	םוש
Milch	בלח
Rübe	תפל
Saft	ץימ
Salat	טלס
Salz	חלמ
Spinat	דרת
Suppe	קרמ
Thunfisch	הנוט
Zimt	ןומניק
Zitrone	ןומיל
Zucker	רכוס
Zwiebel	לצב

Essen #2

ןוזמ #2

Apfel	חופת
Artischocke	קושיטרא
Aubergine	ליצח
Banane	הננב
Brokkoli	ילוקורב
Brot	םחל
Ei	הציב
Fisch	גד
Joghurt	טרוגוי
Käse	הניבג
Kirsche	ןבדבוד
Mandel	דקש
Pilz	הייריטפ
Reis	זרוא
Schinken	םח
Schokolade	דלוקוש
Sellerie	ירלס
Spargel	סוגרפסא
Tomate	היינבגע
Weizen	הטיח

Fahren

הגיהנ

Auto	תינוכמ
Bremsen	םימלב
Brennstoff	קלד
Bus	סובוטוא
Garage	ךסומ
Gas	זג
Gefahr	הנכס
Geschwindigkeit	תוריהמ
Karte	הפמ
Lizenz	ןוישיר
Lkw	תיאשמ
Motor	עונמ
Motorrad	עונפוא
Polizei	הרטשמ
Sicherheit	תוחיטב
Transport	הרובחת
Tunnel	הרהנמ
Unfall	הנואת
Verkehr	העונת
Vorsicht	תוריהז

Fahrzeuge

בכר ילכ

Auto	תינוכמ
Boot	הריס
Bus	סובוטוא
Fahrrad	םיינפוא
Fähre	תרובעמ
Floss	הדוספר
Flugzeug	סוטמ
Hubschrauber	קוסמ
Krankenwagen	סנלובמא
Lkw	תיאשמ
Motor	עונמ
Rakete	הטקר
Reifen	םיגימצ
Roller	טנוקע
Taxi	תינומ
Traktor	רוטקרט
U-Bahn	תיתחת תבכר
U-Boot	תללוצ
Wohnwagen	ןאוורק
Zug	תבכר

Familie

יתחפשמ רדח

Bruder	חא
Ehefrau	השא
Ehemann	לעב
Enkel	דכנ
Grossmutter	אתבס
Grossvater	אבס
Kind	דלי
Kindheit	תודלי
Mutter	אמיא
Mütterlich	יהמיא
Neffe	ןייחא
Nichte	תינייחא
Onkel	דוד
Schwester	תוחא
Tante	הדוד
Tochter	תב
Vater	אבא
Väterlich	יהבא
Vetter	דוד ןב
Vorfahr	ןומדק בא

Farben
צבעים

Azurblau	תכלת
Beige	בז'
Blau	כחול
Braun	חום
Fuchsie	פוקסיה
Gelb	צהוב
Grau	אפור
Grün	ירוק
Lila	סגול
Magenta	ארגמן
Orange	כתום
Rosa	ורוד
Rot	אדום
Schwarz	שחור
Sepia	ספיה
Violett	ויולט
Weiss	לבן

Flugzeuge
מטוסים

Abenteuer	הרפתקה
Abstieg	ירידה
Atmosphäre	אווירה
Ballon	בלון
Brennstoff	דלק
Crew	צוות
Design	עיצוב
Geschichte	היסטוריה
Himmel	רקיע
Höhe	גובה
Konstruktion	בנייה
Luft	אוויר
Motor	מנוע
Navigieren	ניווט
Passagier	נוסע
Pilot	טייס
Propeller	מדחפים
Turbulenz	סערה
Wasserstoff	מימן
Wetter	מזג אוויר

Formen
צורות

Bogen	קשת
Dreieck	משולש
Ecke	פינה
Ellipse	אליפסה
Hyperbel	היפרבולה
Kanten	קצוות
Kegel	חרוט
Kreis	מעגל
Kurve	עקומה
Linie	קו
Oval	סגלגל
Polygon	מצולע
Prisma	פריזמה
Pyramide	פירמידה
Quadrat	כיכר
Rechteck	מלבן
Seite	צד
Würfel	קובייה
Zylinder	גליל

Freundlichkeit
חסד

Aufmerksam	קשוב
Echt	מקורי
Ehrlich	כנה
Empfänglich	פתוח
Freundlich	ידידותי
Gastfreundlich	מסביר פנים
Geduldig	סבלני
Glücklich	שמח
Grosszügig	נדיב
Hilfreich	מועיל
Liebevoll	אוהב
Mitleidig	רחום
Respektvoll	מכובד
Sanft	עדין
Tolerant	סובלני
Verständnis	הבנה
Zuverlässig	אמין

Garten
גן

Bank	ספסל
Baum	עץ
Blume	פרח
Boden	אדמה
Busch	שיח
Garage	מוסך
Garten	גן
Gras	דשא
Hängematte	ערסל
Rechen	מגרפה
Schaufel	את חפירה
Schlauch	צינור
Teich	בריכה
Terrasse	טרסה
Trampolin	טרמפולינה
Unkraut	עשבים שוטים
Veranda	המרפסת
Zaun	גדר

Gebäude
בניינים

Bauernhof	משק
Botschaft	שגרירות
Fabrik	מפעל
Garage	מוסך
Herberge	הוסטל
Hotel	מלון
Kabine	תא
Kino	קולנוע
Krankenhaus	בית חולים
Labor	מעבדה
Museum	מוזיאון
Observatorium	מצפה
Scheune	אסם
Schule	בית ספר
Stadion	אצטדיון
Supermarkt	סופרמרקט
Theater	תיאטרון
Turm	מגדל
Universität	אוניברסיטה
Zelt	אוהל

Geburtstag
תדלוה םוי

Einladungen	תונמזה
Feier	הגיגח
Freunde	םירבח
Geboren	דלונ
Geschenk	הנתמ
Glücklich	חמש
Jahr	הנש
Jung	ריעצ
Kalender	הנש חול
Karten	םיסיטרכ
Kerzen	תורנ
Kuchen	הגוע
Lernen	דומלל
Lied	ריש
Partei	הגלפמ
Spass	ףיכ
Spezial	דחוימ
Tag	םוי
Weisheit	המכוח
Zeit	ןמז

Gemüse
תוקרי

Artischocke	קושיטרא
Aubergine	ליצח
Blumenkohl	תיבורכ
Brokkoli	ילוקורב
Erbse	הנופא
Gurke	ןופפלמ
Ingwer	ג'גני'ר
Karotte	רזג
Kartoffel	המדא חופת
Knoblauch	םוש
Kürbis	תעלד
Olive	תיז
Petersilie	הילוזורטפ
Pilz	הייטפ
Rübe	תפל
Salat	טלס
Sellerie	ירלס
Spinat	תרד
Tomate	הייבגע
Zwiebel	לצב

Geographie
היפרגואג

Atlas	סלטא
Äquator	הוושמה וק
Berg	רה
Breite	בחור וק
Fluss	רהנ
Gebiet	חטש
Hemisphäre	הרפסימה
Höhe	הבוג
Insel	יא
Karte	הפמ
Kontinent	תשבי
Land	הנידמ
Meer	םי
Meridian	ןאידירמ
Norden	ןופצ
Ozean	סונייקוא
Region	רוזא
Stadt	ריע
Welt	םלוע
West	ברעמ

Geologie
היגולואיג

Erdbeben	המדא תדיער
Erosion	הקיחש
Fossil	ןבואמ
Geschmolzen	תכתומ
Geysir	רזייג
Höhle	הרעמ
Kalzium	ןדיס
Kontinent	תשבי
Koralle	גומלא
Lava	הבל
Mineralien	םילרנימ
Plateau	המר
Quarz	ץרווק
Salz	חלמ
Säure	הצמוח
Stalaktit	ףיטנ
Stein	ןבא
Vulkan	שעג רה
Zone	רוזא
Zyklen	םירוזחמ

Gewürze
םינילבת

Anis	סינא
Bitter	רירמ
Curry	יראק
Fenchel	רמוש
Geschmack	םעט
Ingwer	ג'גני'ר
Kardamom	לה
Knoblauch	םוש
Lakritze	שוש
Muskatnuss	טקסומ
Nelke	ןרופיצ
Paprika	הקירפפ
Pfeffer	לפלפ
Safran	ןרפעז
Salz	חלמ
Sauer	ץומח
Süss	קותמ
Vanille	לינו
Zimt	ןומניק
Zwiebel	לצב

Haartypen
רעיש יגוס

Blond	ינידנולב
Braun	םוח
Dick	הבע
Dünn	הזר
Farbig	ינועבצ
Geflochten	עולק
Gesund	אירב
Grau	רופא
Kahl	חירק
Kurz	רצק
Lang	ךורא
Locken	םילתלת
Lockig	לתלותמ
Schwarz	רוחש
Silber	ףסכ
Trocken	שבי
Weich	רר
Weiss	ןבל
Wellig	ילג
Zöpfe	תומצ

Haus
תיב

Besen	אטאטמ
Bibliothek	הירפס
Dach	גג
Dachboden	גג תיילע
Decke	הרקת
Dusche	תחלקמ
Fenster	ןולח
Garage	ךסומ
Garten	ןג
Kamin	חא
Küche	חבטמ
Lampe	הרונמ
Möbel	טוהיר
Schlafzimmer	הניש רדח
Schornstein	הבורא
Spiegel	הארמ
Tür	תלד
Wand	ריק
Zaun	רדג
Zimmer	רדח

Haustiere
דמחמ תויח

Eidechse	האטל
Essen	ןוזמ
Fisch	גד
Hamster	רגוא
Hase	בנרא
Hund	בלכ
Katze	לותח
Kätzchen	לותלתח
Kragen	ןוראווצ
Krallen	םירפט
Kuh	הרפ
Leine	העוצר
Maus	רבכע
Papagei	יכות
Schildkröte	בצ
Schwanz	בנז
Tierarzt	רנירטו
Wasser	םימ
Welpe	בלבלכ
Ziege	זע

Insekten
םיקרח

Ameise	הלמנ
Biene	הרובד
Blattlaus	המינכ
Floh	שוערפ
Gottesanbeterin	המלש למג
Heuschrecke	בגח
Kakerlake	קקמ
Käfer	תישופיח
Larve	לחז
Libelle	תיריפש
Marienkäfer	ונבר השמ תרפ
Motte	שע
Mücke	שותי
Schmetterling	רפרפ
Termite	טימרט
Wespe	הערצ
Wurm	תעלות
Zikade	הדקיצ

Katzen
םילותח

Fell	הוורפ
Garn	טוח
Jäger	דייצ
Komisch	קיחצמ
Liebevoll	הביח
Maus	רבכע
Neugierig	ןרקס
Persönlichkeit	תוישיא
Pfote	הפכ
Schlafen	הניש
Schüchtern	ןשייב
Schwanz	בנז
Unabhängig	יאמצע
Verrückt	עגושמ
Wenig	ןטק
Wild	יארפ

Kleidung
םידגב

Armband	דימצ
Gürtel	הרוגח
Halskette	תרשרש
Handschuhe	תופפכ
Hemd	הצלוח
Hose	םייסנכמ
Hut	עבוכ
Jeans	סני'ג
Kleid	הלמש
Mantel	ליעמ
Mode	הנפוא
Pullover	רדווס
Rock	תיאצח
Sandalen	םילדנס
Schal	ףיעצ
Schlafanzug	המ'גיפ
Schmuck	םיטישכת
Schuh	לענ
Schürze	רניס
Socken	םייברג

Klettern
סופיט

Atmosphäre	הריווא
Ausbildung	הכרדה
Experte	החמומ
Führer	םיכירדמ
Handschuhe	תופפכ
Helm	הדסק
Höhe	הבוג
Höhle	הרעמ
Karte	הפמ
Neugier	תונרקס
Physisch	יזיפ
Schmal	רצ
Stabilität	תוביצי
Stärke	חוכ
Stiefel	םייפגמ
Verletzung	העיצפ
Wandern	םילויט

Kräuterkunde

אפרמ יחמצ

Aromatisch	יטמורא
Basilikum	ןחיר
Blume	חרפ
Dill	רימש
Estragon	ןוגרט
Fenchel	רמוש
Garten	ןג
Geschmack	םעט
Grün	קורי
Knoblauch	םוש
Kulinarisch	ירנילוק
Lavendel	רדנבל
Majoran	ןרוימ
Petersilie	היליזורטפ
Qualität	תוכיא
Rosmarin	ןירמזור
Safran	ןרפעז
Thymian	ןימיט
Vorteilhaft	ליעומ
Zutat	ביכרמ

Kunst

תונמא

Ausdruck	יוטיב
Ehrlich	הנכ
Einfach	טושפ
Gegenstand	אשונ
Gemälde	םירויצ
Inspiriert	הארשה
Keramik	הקימרק
Komplex	בכרומ
Original	ירוקמ
Persönlich	ישיא
Poesie	הריש
Skulptur	לוסיפ
Stimmung	חור בצמ
Surrealismus	םזילאירוס
Symbol	למס
Visuell	יתוזח
Zusammensetzung	בכרה

Kunst Liefert

תונמא דויצ

Acryl	קילירקא
Bleistifte	תונורפע
Bürsten	תושרבמ
Farben	םיעבצ
Holzkohle	םחפ
Ideen	תונויער
Kamera	המלצמ
Kreativität	תויתריצי
Leim	קבד
Öl	ןמש
Papier	ריינ
Radiergummi	קחמ
Staffelei	רויצ ןכ
Stuhl	אסיכ
Tabelle	הלבט
Tinte	ויד
Ton	סרח
Wasser	םימ

Küche

חבטמ

Essen	ןוזמ
Essstäbchen	הליכא תולקמ
Gabeln	תוגלזמ
Gefrierschrank	איפקמ
Gewürze	םינילבת
Grill	לירג
Kelle	תקצמ
Krug	דכ
Kühlschrank	ררקמ
Löffel	תויפכ
Messer	םיניכס
Ofen	רונת
Rezept	ןוכתמ
Schürze	רניס
Schüssel	הרעק
Schwamm	גופס
Serviette	תיפמ
Tassen	תוסוכ
Wasserkocher	םוקמוק

Landschaften

םיפונ

Berg	רה
Eisberg	ןוחרק
Fluss	רהנ
Geysir	רזייג
Golf	ץרפמ
Halbinsel	יאה יצח
Höhle	הרעמ
Hügel	העבג
Insel	יא
Lagune	הנוגל
Meer	םי
Oase	סיזאוא
See	םגא
Strand	ףוח
Sumpf	הציב
Tal	קמע
Tundra	הרדנוט
Vulkan	שעג רה
Wasserfall	לפמ
Wüste	רבדמ

Länder #2

תונידמ #2

Albanien	הינבלא
Äthiopien	היפויתא
Frankreich	תפרצ
Griechenland	ןווי
Haiti	יטיאה
Irland	דנלריא
Jamaika	הקיימ'ג
Japan	ןפי
Kenia	הינק
Laos	סואל
Liberia	הירביל
Mexiko	וקיסקמ
Nepal	לאפנ
Nigeria	הירגינ
Pakistan	ןטסיקפ
Russland	היסור
Sudan	ןדוס
Syrien	הירוס
Uganda	הדנגוא
Ukraine	הניארקוא

Literatur
תורפס

Analogie	אנלוגיה
Analyse	ניתוח
Anekdote	אנקדוטה
Autor	מחבר
Beschreibung	תיאור
Biographie	ביוגרפיה
Dialog	דיאלוג
Erzähler	קריין
Fiktion	בדיוני
Gedicht	שיר
Metapher	מטפורה
Poetisch	פואטי
Reim	חרוז
Rhythmus	קצב
Roman	רומן
Schlussfolgerung	סיכום
Stil	סגנון
Thema	ערכת נושא
Tragödie	טרגדיה
Vergleich	השוואה

Mathematik
מתמטיקה

Arithmetik	חשבון
Bruchteil	שבר
Dezimal	עשרוני
Dreieck	משולש
Durchmesser	קוטר
Exponent	מעריך
Geometrie	גאומטריה
Gleichung	משוואה
Grad	מעלות
Parallel	מקביל
Parallelogramm	מקבילית
Polygon	מצולע
Quadrat	כיכר
Rechteck	מלבן
Summe	סכום
Symmetrie	סימטריה
Umfang	היקף
Volumen	נפח
Winkel	זווית
Zahlen	מספרים

Meditation
מדיטציה

Annahme	הבלק
Bewegung	תנועה
Dankbarkeit	הכרת תודה
Einblick	תובנה
Freundlichkeit	חסד
Frieden	שלום
Gedanken	מחשבות
Geistig	נפש
Glück	אושר
Haltung	יציבה
Klarheit	בהירות
Lernen	ללמוד
Mitgefühl	חמלה
Musik	מוזיקה
Natur	טבע
Perspektive	פרספקטיבה
Ruhig	רוגע
Stille	שתיקה
Verstand	מוח
Wach	ער

Meisterschaft
אליפות

Ausdauer	סיבולת
Champion	אלוף
Finalist	לגמר
Liga	ליגה
Mannschaft	צוות
Medaille	מדליה
Meisterschaft	אליפות
Motivation	מוטיבציה
Performance	ביצועים
Richter	שופט
Schweiss	זיעה
Sieg	ניצחון
Spiele	משחקים
Sport	ספורט
Strategie	אסטרטגיה
Trainer	מאמן
Turnier	טורניר

Menschlicher Körper
גוף האדם

Bein	רגל
Blut	דם
Ellbogen	מרפק
Finger	אצבע
Gehirn	מוח
Gesicht	פנים
Hals	צואר
Hand	יד
Haut	עור
Herz	לב
Kiefer	לסת
Kinn	סנטר
Knie	ברך
Knöchel	קרסול
Kopf	ראש
Mund	פה
Nase	אף
Ohr	אוזן
Schulter	כתף
Zunge	לשון

Messungen
מדידות

Breite	רוחב
Byte	בית
Dezimal	עשרוני
Gewicht	משקל
Grad	תואר
Gramm	גרם
Höhe	גובה
Kilogramm	קילוגרם
Kilometer	קילומטר
Länge	אורך
Liter	ליטר
Masse	מסה
Meter	מטר
Minute	דקה
Tiefe	עומק
Tonne	טון
Unze	אונקייה
Volumen	נפח
Zentimeter	סנטימטר
Zoll	אינץ

Möbel

טוהיר

Bank	לספס
Bett	הטימ
Bettdecke	םימחנמ
Couch	הפס
Futon	ןוטופ
Hängematte	לסרע
Kissen	תירכ
Kommode	הדיש
Lampe	הרונמ
Matratze	ןרזמ
Regal	םיפדמ
Sessel	הסרוכ
Spiegel	הארמ
Stuhl	אסיכ
Teppich	חיטש
Vorhang	תונוליו

Musikinstrumente

הניגנ ילכ

Banjo	ו'גנב
Cello	ול'צ
Drumsticks	ףופית תולקמ
Fagott	ןוסב
Flöte	לילח
Geige	רוניכ
Gitarre	הרטיג
Gong	גנוג
Harfe	לבנ
Klarinette	טנירלק
Klavier	רתנספ
Mandoline	הנילודנמ
Marimba	הבמירמ
Mundharmonika	תיחופמ
Oboe	בובא
Posaune	ןובמורט
Saxophon	ןופוסקס
Tamburin	םירמ ףות
Trommel	ףות
Trompete	הרצוצח

Mythologie

היגולותימ

Archetyp	סופיטבא
Blitz	קרב
Donner	םער
Eifersucht	האנק
Held	רוביג
Katastrophe	ןוסא
Kreation	הריצי
Kreatur	רוצי
Krieger	םחול
Kultur	תוברת
Labyrinth	ךובמ
Legende	הדגא
Magisch	םוסק
Monster	תצלפמ
Rache	המקנ
Stärke	חוכ
Sterblich	התומת ןב
Triumphierend	ןוחצינ
Unsterblichkeit	ח ֶצ ַנ
Verhalten	תוגהנתה

Natur

עבט

Arktis	יטקרא
Berge	םירה
Bienen	םירובד
Dynamisch	ימניד
Erosion	הקיחש
Fluss	רהנ
Friedlich	וילש
Gletscher	ןוחרק
Heiter	הוולש
Laub	םי ִל ָע
Lebenswichtig	ינויח
Nebel	לפרע
Schönheit	יפוי
Schutz	טלקמ
Tiere	תויח
Tropisch	יפורט
Wald	רעי
Wild	יארפ
Wolken	םיננע
Wüste	רבדמ

Obst

תוריפ

Ananas	סננא
Apfel	חופת
Aprikose	שמשמ
Avocado	ודקובא
Banane	הננב
Beere	ירב
Birne	סגא
Grapefruit	תילוכשא
Himbeere	לטפ
Kirsche	ןבדבוד
Kiwi	יוויק
Kokosnuss	סוקוק
Melone	ןולמ
Nektarine	הנירטקנ
Orange	םותכ
Papaya	היאפפ
Pfirsich	קסרפא
Pflaume	ףיזש
Traube	ןפג
Zitrone	ןומיל

Ozean

סונייקוא

Aal	חפולצ
Auster	הפדצ
Boot	הריס
Delfin	ןיפלוד
Fisch	גד
Garnele	ספמירש
Gezeiten	לפשו תואג
Hai	שירכ
Koralle	גומלא
Krabbe	ןטרס
Krake	ןונמת
Qualle	הזודמ
Riff	תינוש
Salz	חלמ
Schildkröte	בצ
Schwamm	גופס
Sturm	הרעס
Thunfisch	הנוט
Wal	ןתיוול
Wellen	םילג

Ökologie
אקולוגיה

Art	מינים
Berge	הרים
Dürre	בצורת
Fauna	חיה
Freiwillige	מתנדבים
Gemeinschaft	קהילות
Klima	אקלים
Marine	ימי
Nachhaltig	בר קיימא
Natur	טבע
Natürlich	טבעי
Pflanzen	צמחים
Ressourcen	משאבים
Sumpf	מרש
Überleben	הישרדות
Vegetation	צמחייה
Vielfalt	גיוון

Pflanzen
צמחים

Bambus	במבוק
Baum	עץ
Beere	ברי
Blatt	עלה
Blume	פרח
Blütenblatt	עלי כותרת
Bohne	שעועית
Botanik	בוטניקה
Busch	בוש
Dünger	דשן
Efeu	קיסוס
Garten	גן
Gras	דשא
Kaktus	קקטוס
Laub	עלים
Moos	טחב
Sonne	שמש
Vegetation	צמחייה
Wald	יער
Wurzel	שורש

Piraten
פיראטים

Abenteuer	הרפתקה
Anker	עוגן
Crew	צוות
Flagge	דגל
Gefahr	סכנה
Gold	זהב
Höhle	מערה
Insel	אי
Kapitän	קפטן
Karte	מפה
Kompass	מצפן
Legende	אגדה
Münzen	מטבעות
Narbe	צלקת
Papagei	תוכי
Rum	רום
Schatz	אוצר
Schlecht	רע
Schwert	חרב
Strand	חוף

Regenwald
יערות גשם

Amphibien	דו-חיים
Art	מינים
Botanisch	בוטני
Dschungel	ג'ונגל
Einheimisch	יליד
Gemeinschaft	קהילה
Insekten	חרקים
Klima	אקלים
Moos	טחב
Natur	טבע
Respekt	כבוד
Säugetiere	יונקים
Überleben	הישרדות
Vielfalt	גיוון
Vögel	ציפורים
Wertvoll	יקר
Wolken	עננים
Zuflucht	מקלט

Restaurant #1
מסעדה #1

Allergie	אלרגיה
Brot	לחם
Dessert	קינוח
Essen	מזון
Fleisch	בשר
Huhn	עוף
Kaffee	קפה
Kassierer	קופאית
Kellnerin	מלצרית
Küche	מטבח
Menü	תפריט
Messer	סכין
Reservierung	הזמנה
Schüssel	קערה
Serviette	מפית
Sosse	רוטב
Teller	צלחת
Würzig	חריף

Restaurant #2
מסעדה #2

Abendessen	ארוחת ערב
Eier	ביצים
Eis	קרח
Fisch	דג
Frucht	פירות
Gabel	מזלג
Gemüse	ירקות
Gewürze	תבלינים
Kellner	מלצר
Köstlich	טעים
Kuchen	עוגה
Löffel	כף
Mittagessen	ארוחת צהריים
Nudeln	אטריות
Salat	סלט
Salz	מלח
Stuhl	כיסא
Suppe	מרק
Vorspeise	מתאבן
Wasser	מים

Säugetiere
יונקים

Affe	קוף
Bär	דוב
Biber	בונה
Elefant	פיל
Fuchs	שועל
Giraffe	ג'ירפה
Gorilla	גורילה
Hund	כלב
Känguru	קנגורו
Kojote	זאב ערבות
Löwe	אריה
Panther	פנתר
Pferd	סוס
Ratte	עכברוש
Schaf	כבשים
Stier	שור
Tiger	נמר
Wal	לוייתן
Wolf	זאב
Zebra	זברה

Schach
שחמט

Champion	אלוף
Diagonal	אלכסון
Gegner	יריב
König	מלך
Königin	מלכה
Lernen	ללמוד
Opfer	הקרבה
Passiv	פסיבי
Punkte	נקודות
Regeln	כללים
Schwarz	שחור
Spiel	משחק
Spieler	שחקן
Strategie	אסטרטגיה
Turnier	טורניר
Weiss	לבן
Wettbewerb	תחרות
Zeit	זמן

Schlösser
טירות

Drache	דרקון
Dynastie	שושלת
Edel	אצילי
Feudal	פיאודל
Katapult	מעוט
Kerker	צינוק
Königreich	ממלכה
Krone	כתר
Palast	ארמון
Pferd	סוס
Prinz	נסיך
Prinzessin	נסיכה
Reich	אימפריה
Ritter	אביר
Rüstung	שריון
Schild	מגן
Schwert	חרב
Turm	מגדל
Wand	קיר

Schokolade
שוקולד

Antioxidans	נוגד חמצון
Bitter	מריר
Erdnüsse	בוטנים
Essen	לאכול
Exotisch	אקזוטי
Favorit	אהוב
Geschmack	טעם
Kakao	קקאו
Kalorien	קלוריות
Karamell	קרמל
Kokosnuss	קוקוס
Köstlich	טעים
Pulver	אבקה
Qualität	איכות
Rezept	מתכון
Süss	מתוק
Verlangen	השתוקקות
Zucker	סוכר
Zutat	מרכיב

Schule #1
בית ספר #1

Alphabet	אלפבית
Antworten	תשובות
Bibliothek	ספריה
Bleistift	עיפרון
Bücher	ספרים
Freunde	חברים
Klassenzimmer	כיתה
Lehrer	מורה
Lernen	ללמוד
Mathematik	מתמטיקה
Mittagessen	ארוחת צהריים
Ordner	תיקיות
Papier	נייר
Prüfungen	בחינות
Quiz	חידון
Schreiben	לכתוב
Spass	כיף
Stifte	עטים
Stuhl	כיסא
Zahlen	מספרים

Schule #2
בית ספר #2

Bibliothek	ספריה
Bildung	חינוך
Bleistift	עיפרון
Bus	אוטובוס
Bücher	ספרים
Computer	מחשב
Grammatik	דקדוק
Kalender	לוח שנה
Lehrer	מורה
Lernen	למידה
Lesen	קריאה
Literatur	ספרות
Papier	נייר
Radiergummi	מחק
Rucksack	תרמיל
Schere	מספריים
Stifte	עטים
Wissenschaft	מדע
Wochenende	סוף שבוע
Wörterbuch	מילון

Science Fiction
מדע בדיוני

Bücher	ספרים
Chemikalien	כימיקלים
Dystopie	דיסטופיה
Explosion	פיצוץ
Extrem	קיצוני
Fantastisch	פנטסטי
Feuer	אש
Futuristisch	עתידני
Galaxie	גלקסיה
Geheimnisvoll	מסתורי
Illusion	אשליה
Imaginär	דמיוני
Kino	קולנוע
Orakel	אורקל
Planet	כוכב לכת
Roboter	רובוטים
Szenario	תרחיש
Technologie	טכנולוגיה
Utopie	אוטופיה
Welt	עולם

Sommer
קיץ

Bücher	ספרים
Camping	קמפינג
Entspannung	הרפיה
Essen	מזון
Familie	משפחה
Freizeit	פנאי
Freude	שמחה
Freunde	חברים
Garten	גן
Meer	ים
Musik	מוזיקה
Reise	נסיעות
Sandalen	סנדלים
Schwimmen	לשחות
Spiele	משחקים
Sterne	כוכבים
Strand	חוף
Tauchen	צלילה
Urlaub	חופשה

Spielzeuge
צעצועים

Auto	מכונית
Ball	כדור
Boot	סירה
Bücher	ספרים
Drachen	עפיפון
Fahrrad	אופניים
Favorit	אהוב
Flugzeug	מטוס
Kunsthandwerk	מלאכת יד
Lkw	משאית
Phantasie	דמיון
Puppe	בובה
Roboter	רובוט
Schach	שחמט
Schlagzeug	תופים
Spiele	משחקים
Ton	חרס
Zug	רכבת

Sport
ספורט

Athlet	ספורטאי
Baseball	בייסבול
Basketball	כדורסל
Bewegung	תנועה
Eishockey	הוקי
Fahrrad	אופניים
Gewinner	זוכה
Golf	גולף
Gymnastik	התעמלות
Mannschaft	צוות
Meisterschaft	אליפות
Schiedsrichter	שופט
Schwimmen	לשחות
Spiel	משחק
Spieler	שחקן
Stadion	אצטדיון
Tennis	טניס
Trainer	מאמן

Stadt
העיר

Apotheke	בית מרקחת
Bank	בנק
Bäckerei	מאפייה
Bibliothek	ספריה
Blumenhändler	פרחים
Buchhandlung	חנות ספרים
Flughafen	שדה תעופה
Galerie	גלריה
Hotel	מלון
Kino	קולנוע
Klinik	מרפאה
Markt	שוק
Museum	מוזיאון
Restaurant	מסעדה
Schule	בית ספר
Stadion	אצטדיון
Supermarkt	סופרמרקט
Theater	תיאטרון
Universität	אוניברסיטה
Zoo	גן חיות

Strand
חוף

Blau	כחול
Boot	סירה
Dock	עגן
Handtuch	מגבת
Insel	אי
Krabbe	סרטן
Küste	חוף
Lagune	לגונה
Meer	ים
Ozean	אוקיינוס
Regenschirm	מטריה
Riff	שונית
Sand	חול
Sandalen	סנדלים
Schwimmen	לשחות
Segelboot	מפרשית
Sonne	שמש
Urlaub	חופשה

Surfen
השילג

Anfänger	ליחתמ
Athlet	יאטרופס
Beliebt	ירלופופ
Champion	ףולא
Extrem	ינוציק
Geschwindigkeit	תוריהמ
Magen	הביק
Mengen	להק
Ozean	סונייקוא
Riff	תינוש
Schaum	ףצק
Schwimmen	תוחשל
Spass	ףיכ
Stärke	חוכ
Stil	ןונגס
Strand	ףוח
Welle	לג
Wetter	ריווא גזמ

Tage und Monate
םישדוחו םימי

August	טסוגוא
Dezember	רבמצד
Dienstag	ישילש םוי
Donnerstag	ישימח םוי
Februar	ראורבפ
Freitag	ישיש םוי
Jahr	הנש
Januar	ראוני
Juli	ילוי
Juni	ינוי
Kalender	הנש חול
Mittwoch	יעיבר םוי
Monat	שדוח
Montag	ינש םוי
November	רבמבונ
Oktober	רבוטקוא
Samstag	תבש םוי
September	רבמטפס
Sonntag	ןושאר םוי
Woche	עובש

Tanzen
דוקיר

Akademie	הימדקא
Ausdrucksvoll	עיבמ
Bewegung	העונת
Choreographie	היפרגואירוכ
Emotion	שגר
Freudig	חמש
Haltung	הביצי
Klassisch	י.סא.לק
Körper	ףוג
Kultur	תוברת
Kunst	תונמא
Musik	הקיזומ
Partner	גוז תב
Probe	הרזח
Rhythmus	בצק
Traditionell	יתרוסמ
Visuell	יתוזח

Technologie
היגולונכט

Bildschirm	ךסמ
Blog	גולב
Browser	ןפדפד
Bytes	םיתב
Computer	בשחמ
Cursor	ןמס
Datei	ץבוק
Daten	םינותנ
Digital	ילטיגיד
Forschung	רקחמ
Internet	טנרטניא
Kamera	המלצמ
Nachricht	העדוה
Schriftart	ןפוג
Sicherheit	ןוחטיב
Software	הנכות
Statistik	הקיטסיטטס
Virtuell	ילאוטריו
Virus	ףיגנ

Tugenden #1
תולעמ #1

Bescheiden	עונצ
Charmant	םיסקמ
Effizient	ליעי
Entscheidend	עירכמ
Geduldig	ינלבס
Grosszügig	ביდנ
Gut	בוט
Hilfreich	ליעומ
Komisch	קיחצמ
Künstlerisch	יתונמא
Neugierig	ןרקס
Praktisch	ישעמ
Sauber	יקנ
Unabhängig	יאמצע
Weise	םכח
Zuverlässig	ןימא
Zuversichtlich	חוטב

Urlaub #2
שפונ #2

Ausländer	רז
Berge	םירה
Camping	גניפמק
Flughafen	הפועת הדש
Freizeit	יאנפ
Hotel	ןולמ
Insel	יא
Karte	הפמ
Meer	םי
Pass	ןוכרד
Reise	עסמ
Restaurant	הדעסמ
Strand	ףוח
Taxi	תינומ
Transport	הרובחת
Urlaub	גח
Visum	הזיו
Zelt	להוא
Ziel	דעי
Zug	תבכר

Vögel
ציפורים

Adler	נשר
Ei	ביצה
Ente	ברווז
Eule	ינשוף
Flamingo	פלמינגו
Gans	אווז
Huhn	עוף
Krähe	עורב
Kuckuck	קוקייה
Möwe	שחף
Papagei	תוכי
Pelikan	שקנאי
Pfau	טווס
Pinguin	פינגווין
Reiher	אנפה
Schwan	ברבור
Spatz	דרור
Storch	חסידה
Taube	יונה
Toucan	טוקאן

Wandern
טיולים רגליים

Berg	הר
Camping	קמפינג
Führer	מדריכים
Gefahren	סכנות
Gipfel	פסגה
Karte	מפה
Klima	אקלים
Klippe	צוק
Müde	עייף
Natur	טבע
Orientierung	נטייה
Schwer	כבד
Sonne	שמש
Steine	אבנים
Stiefel	מגפיים
Tiere	חיות
Vorbereitung	הכנה
Wasser	מים
Wetter	מזג אוויר
Wild	פראי

Wasser
מים

Bewässerung	השקיה
Dusche	מקלחת
Eis	קרח
Feucht	לח
Feuchtigkeit	לחות
Fluss	נהר
Frost	כפור
Geysir	גייזר
Hurrikan	הוריקן
Kanal	התעלה
Monsun	מונסון
Ozean	אוקיינוס
Regen	גשם
Schnee	שלג
See	אגם
Verdunstung	אידוי
Wellen	גלים

Wetter
מזג אוויר

Atmosphäre	אווירה
Blitz	ברק
Brise	רוח
Donner	רעם
Dürre	בצורת
Eis	קרח
Himmel	רקיע
Hurrikan	הוריקן
Klima	אקלים
Monsun	מונסון
Nebel	ערפל
Polar	הקוטב
Regenbogen	קשת
Sturm	סערה
Temperatur	טמפרטורה
Tornado	טורנדו
Trocken	יבש
Tropisch	טרופי
Wind	רוח
Wolke	ענן

Wissenschaft
מדע

Atom	אטום
Chemisch	כימי
Daten	נתונים
Evolution	אבולוציה
Experiment	ניסוי
Fossil	מאובן
Hypothese	הנחה
Klima	אקלים
Labor	מעבדה
Methode	שיטה
Mineralien	מינרלים
Moleküle	מולקולות
Natur	טבע
Organismus	אורגניזם
Partikel	חלקיקים
Pflanzen	צמחים
Physik	פיזיקה
Tatsache	עובדה
Wissenschaftler	מדען

Wissenschaftliche Disziplinen
דיסציפלינות מדעיות

Anatomie	אנטומיה
Archäologie	ארכאולוגיה
Astronomie	אסטרונומיה
Biochemie	ביוכימיה
Biologie	ביולוגיה
Botanik	בוטניקה
Chemie	כימיה
Geologie	גיאולוגיה
Immunologie	אימונולוגיה
Kinesiologie	קינסיולוגיה
Linguistik	בלשנות
Mechanik	מכניקה
Mineralogie	מינרלוגיה
Neurologie	נוירולוגיה
Ökologie	אקולוגיה
Physiologie	פיזיולוגיה
Psychologie	פסיכולוגיה
Soziologie	סוציולוגיה
Thermodynamik	תרמודינמיקה
Zoologie	זואולוגיה

Zahlen

מספרים

Acht	שמונה
Achtzehn	שמונה עשר
Dezimal	עשרוני
Drei	שלוש
Dreizehn	שלוש עשרה
Fünf	חמש
Fünfzehn	חמישה עשר
Neun	תשע
Neunzehn	תשע עשרה
Null	אפס
Sechs	שש
Sechzehn	שש עשרה
Sieben	שבע
Siebzehn	שבע עשרה
Vier	ארבע
Vierzehn	ארבעה עשר
Zehn	עשר
Zwanzig	עשרים
Zwei	שתיים
Zwölf	שנים עשר

Zeit

זמן

Gestern	אתמול
Heute	היום
Jahr	שנה
Jahrhundert	מאה
Jahrzehnt	עשור
Jährlich	שנתי
Jetzt	עכשיו
Kalender	לוח שנה
Minute	דקה
Mittag	צהריים
Monat	חודש
Morgen	בוקר
Nach	לאחר
Nacht	לילה
Stunde	שעה
Tag	יום
Uhr	שעון
Vor	לפני
Woche	שבוע
Zukunft	עתיד

Zirkus

קרקס

Affe	קוף
Akrobat	אקרובט
Ballons	בלונים
Clown	ליצן
Elefant	פיל
Jongleur	להטוטן
Kostüm	תחפושת
Löwe	אריה
Magie	קסם
Musik	מוזיקה
Parade	מצעד
Tiere	חיות
Tiger	נמר
Trick	טריק
Zeigen	הופעה
Zelt	אוהל
Zuschauer	צופה

Zu Füllen

למילוי

Becken	אגן
Box	תיבה
Eimer	דלי
Fass	חבית
Flasche	בקבוק
Karton	קרטון
Kiste	ארגז
Koffer	מזוודה
Korb	סל
Krug	צנצנת
Mappe	תיקיה
Rohr	צינור
Schublade	מגירה
Tablett	מגש
Tasche	תיק
Umschlag	מעטפה
Vase	אגרטל

Gratuliere

Sie haben es geschafft !!

Wir hoffen, dass euch dieses Buch genauso viel Spaß gemacht hat wie uns dessen Herstellung. Wir tun unser Bestes, um qualitativ hochwertige Spiele zu erfinden. Diese Rätsel sind auf eine clevere Art und Weise entworfen, damit sie aktiv lernen und daran Vergnügen finden.

Hat ihnen das Buch gefallen ?

Eine einfache Bitte

Unsere Bücher existieren dank der Rezensionen, die sie veröffentlichen. Können sie uns helfen indem sie jetzt eine Meinung hinterlassen ?

Hier ist ein kurzer Link, der Sie zu ihrer Bewertungsseite führt

 BestBooksActivity.com/Rezension50

MONSTER HERAUSFÖRDERUNGEN !

Herausförderung 1

Bereit für ihr Bonusspiel? Wir verwenden sie ständig, aber sle sind nicht einfach zu finden. Es sind die **Synonyme** !

Notieren sie 5 Wörter, die sie in den untenstehenden Rätseln (Nummer 21, 36 und 76) entdeckt haben und versuchen sie für jedes Wort 2 Synonyme zu finden .

Notieren sie 5 Wörter aus Rätsel 21

Wörter	Synonym 1	Synonym 2

Notieren sie 5 Wörter aus Rätsel 36

Wörter	Synonym 1	Synonym 2

Notieren sie 5 Wörter aus Rätsel 76

Wörter	Synonym 1	Synonym 2

Herausförderung 2

Jetzt, wo sie warm sind, notieren sie 5 Wörter, die sie in jedem der untenaufgeführten Rätseln entdeckt haben (Nummer 9, 17 und 25) und versuchen sie für jedes Wort 2 Antonyme zu finden. Wie viele davon können sie binnen 20 Minuten finden ?

Notieren sie 5 Wörter aus **Rätsel 9**

Wörter	Antonym 1	Antonym 2

Notieren sie 5 Wörter aus **Rätsel 17**

Wörter	Antonym 1	Antonym 2

Notieren sie 5 Wörter aus **Rätsel 25**

Wörter	Antonym 1	Antonym 2

Herausförderung 3

Wunderbar, diese Monster Herausförderung 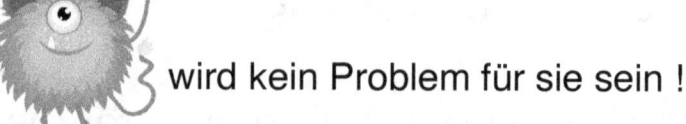 wird kein Problem für sie sein !

Bereit für die letzte Herausförderung? Wählen sie ihre 10 Lieblingswörter aus, die sie in einem Rätsel entdeckt haben und notieren sie sie unten.

1.	6.
2.	7.
3.	8.
4.	9.
5.	10.

Die Aufgabe besteht nun darin mit diesen Wörtern und in maximal sechs Sätzen einen Text herzustellen über eine Person, ein Tier oder ein Ort den sie lieben !

Tipp : sie können die letzten leeren Seiten dieses Buches als Entwurf verwenden

Ihr Schreiben :

NOTIZBUCH :

AUF BALDIGES WIEDERSEHEN !

Linguas Classics

KOSTENLOSE SPIELE GENIESSEN

GO

↓

BESTACTIVITYBOOKS.COM/FREEGAMES